Ah ! On peut entrer ?!

Eh ! oh !
c'est par ici.

J'aime bien
cette ouverture
sur la ville.

Je suis là !

Il est très imposant, mais au moins on ne peut pas le rater.

C'est joli,
ces briques,
mais ça fait
beaucoup
de briques
dans la ville.

Mais oui,
je t'ai dit que
c'était par là.

Ici !

Ouah ! C'est grand !

Attends,
c'est carrément
un restaurant.

T'as vu les miroirs ?

C'est classe.

Je sais pas,
mais j'aime pas.

Clic, clac !

Il faut rentrer à l'intérieur pour saisir toute son amplitude.

C'est placement libre.
Et c'est mieux
si on est au centre.

L'architecture?

Chut... ça commence.

DU LIVRE À LA SCÈNE, DE LA SCÈNE AU LIVRE

Lorsqu'un projet d'architecture remarquable est terminé, il est fréquent que le client et/ou les architectes aient le désir de partager cette aventure avec leurs pairs mais aussi avec le public, averti ou néophyte. Souvent, une publication réunissant un essai rédigé par un auteur et des photographies prises avant occupation des lieux naît de cette envie.

Pour le théâtre Jacques Carat à Cachan, lieu de spectacle vivant livré à l'automne 2017, nous avons envisagé un ouvrage avant tout *habité*. D'abord parce qu'un projet d'architecture est un jeu d'acteurs : du commanditaire – élus politiques en l'occurrence – aux concepteurs – ici o-s architectes, lauréats du concours – en passant par l'équipe qui anime et réalise la programmation du lieu. Ensuite, et surtout, parce qu'il n'est pas une œuvre d'art mais bel et bien un lieu qui vit, par la présence d'artistes qui investissent les lieux et, bien entendu, du public qui s'approprie les espaces.

Ce livre s'adresse aux spectateurs, fidèles abonnés, et plus largement à d'autres lecteurs qui ne connaîtraient pas le projet, ou encore aux personnes qui restent à distance de ces lieux de spectacle en se demandant s'ils ont le droit d'y entrer. Car un théâtre, ça impressionne. C'est un édifice monumental. D'autant plus qu'il s'exprime souvent par une cage de scène volumineuse. C'est un lieu souvent considéré comme réservé à une élite, à des gens éclairés, qui ont de la culture, malgré les dynamiques de théâtre populaire des Trente Glorieuses. Mais avant tout, un théâtre n'est-il pas une fabrique à émotions, à bouleversements, à interactions ? À troubles aussi...

Au même titre que ce théâtre présente un rideau ajouré pour préserver le mystère de ce qui se joue à l'intérieur, nous invitons les lecteurs à arpenter les pages comme les espaces à vivre, à découvrir, à envisager sans dévisager, et suivre l'histoire singulière de la revitalisation du théâtre Jacques Carat. Ainsi, la trame du livre fait-elle écho à la texture de la façade du théâtre, semblable à une maille minérale, sous la forme d'un tissage de textes, de témoignages, de vues d'ensemble mais aussi de détails, de captations du vivant, de recoupements de récits, réels ou imaginaires, entre réalisme constructif et fictions scéniques, entremêlés de désirs de rencontres, d'interactions avec les comédiens, ou d'appropriation par les habitants, dans ce lieu qui crée du lien.

Dérogeant à la monographie d'édifice, cette publication est un véritable projet fabriqué à plusieurs mains et soumis à divers regards : de l'œil sensible et pertinent du photographe Cyrille Weiner à la saynète illustrée de Lucas Harari ou aux compositions atmosphériques d'Alexis Jamet, en passant, bien sûr, par les témoignages des hommes et des femmes, identifiés ou anonymes, qui ont su inventer cet endroit et en faire un lieu de vie.

Le théâtre a ouvert ses archives comme les architectes des ateliers o-s leur porte, levant ainsi le voile sur leur approche, les processus complexes et les étapes nécessaires à la conception et à la fabrication de ce projet. Enfin, Jad Hussein signe le design graphique en élaborant un assemblage rythmé sous la forme d'une navigation habile entre magazine et livre illustré, bande dessinée et visite des coulisses.

En offrant plusieurs niveaux de lecture, cet ouvrage est donc pluriel. Il résonne avec chaque présence pour se rapprocher de l'esprit de cet édifice dédié au spectacle vivant. Une forme d'invitation à venir au théâtre Jacques Carat à Cachan. Car pour le vivre pleinement, il faut y entrer et y faire l'expérience du spectacle, comme de l'entracte ou du bord de scène.

De lecteur, devenir spectateur, et vraisemblablement acteur ! *Rafaël Magrou*

Acteurs [27], Ambiance [155], Anglais [157], Aventure [p. 52], Béton pierre [66], Black box [130], Bruits de couloirs [1], Cachan [28], Concours [62], Déambulations [185], Décibels [136], Détails [124], Esquisses [90], Jardin [138], Moucharabiehs [98], Pause [42], Planning [104], Pourquoi ? [25], Publics [40], Puzzle [102], Questions [120], Rêveries [couv.], Sourires [151], Trames [118], Un théâtre dans la ville [34], Une nuit à Cachan [81], Visite [92], Voiles [113], etc.

POURQUOI VIEN(DRAI)T-ON AU THÉÂTRE ?
PAR Arnaud Anckaert

Je ne sais pas pourquoi on vient au théâtre.
Peut-être pour y rencontrer une œuvre
ou voir des copains ou des copines
ou partager un moment avec quelqu'un
qu'on aime.
On y cherche sûrement des émotions
ou de la pensée, de l'étonnement
ou de l'amour.
On s'y forge des souvenirs et des rêves
contradictoires le temps de s'émerveiller.
Le théâtre est un art de l'enfance.
Préserver l'enfance et faire grandir
cet enfant, c'est un beau projet pour
un théâtre.
Et parfois rendre l'homme plus grand
que l'homme si les dieux nous y convient.
Au théâtre les vieux viennent s'émouvoir
ou s'endormir, les jeunes rechignent
souvent à y aller car ils ont peur
de s'ennuyer.
Ils s'envoient des messages dans le noir.
Mais quel ennui de lutter désespérément
pour divertir à tout prix.
Le bon théâtre ne nous prend pas
de haut mais il nous prend de court.
L'esprit des planches, on ne le trouve
derrière aucun écran.
On ne vient pas au théâtre pour s'occuper
ou retrouver ce que l'on trouve partout.
On vient au théâtre pour se perdre,
renouveler son regard en se laissant
déplacer par l'instant.
Voir des corps, des voix, des mensonges
plus vrais que la réalité.
Des nuits éclairées de larmes et de rires.
C'est un plaisir, un virus souvent,
une peste, et une fois ce plaisir touché,
on n'est pas prêt d'oublier.

Les artistes ont besoin de lieux qui soient
protégés, d'endroits où la transgression
est possible, où le risque est contrôlé.
En ce sens, l'accueil et la convivialité
doivent être au rendez vous.
Quel plaisir à nouveau de pouvoir
partager un moment après le spectacle
avec le public, d'avoir un dialogue
ou d'échanger autour d'un verre,
de raconter la démarche.
En fait de se rencontrer, de se voir en vrai.

Arnaud Anckaert est metteur
en scène et scénographe.
En 1998, il crée la Compagnie
Théâtre du Prisme qui se consacre
à la découverte de textes
contemporains. Il est artiste associé
du théâtre Jacques Carat et a présenté
en 2017-18 les spectacles *Constellations*
et *Simon la gadouille* (jeune public),
et *Séisme* en mars 2019. Il a aimablement
répondu à notre question:
« Pourquoi vien(drai)t-on au théâtre ? »

Les acteurs du projet   27

Propos recueillis par *Rafaël Magrou*.

Cachan

« Le lieu va trouver sa plénitude. »

JEAN-YVES LE BOUILLONNEC (JYLB), né à Cachan, est un avocat et un homme politique français. Il a été maire de la ville de Cachan de 1998 à 2018.

Vous avez été maire de Cachan de 1998 à 2018, à la suite des mandatures de Jacques Carat. Avocat de formation, vous êtes entré dans son équipe municipale dès 1983 en tant que maire-adjoint pour devenir ensuite premier adjoint. Vous avez également été député de la 11ᵉ circonscription du Val-de-Bièvre, de 2002 à 2017.
Le projet architectural du théâtre Jacques Carat émane d'une décision politique que vous avez menée jusqu'à son terme. Pourriez-vous nous préciser le cadre et le contexte de ce programme?

JYLB Cachan est la ville où je suis né, et où j'ai toujours vécu. Toute l'histoire de mes engagements politiques, militants, associatifs, culturels, socioculturels ou sportifs a été initiée à Cachan. C'est là que j'ai effectué toutes mes mandatures municipales et que se sont forgés et enracinés mes autres mandats électifs nationaux ou territoriaux. Jacques Carat était critique de théâtre alors que j'ai une formation d'avocat. Il était obsédé par l'idée de donner aux habitants de sa commune une offre culturelle de proximité, sans les contraindre à faire le chemin jusqu'à Paris. La Maison des jeunes et des loisirs installée à Cachan était fortement imprégnée de cette volonté. Dès son origine, elle intégrait des activités d'enseignement

d'art dramatique, d'art plastique et d'école de musique. Sauf que le lieu n'était pas à la mesure des objectifs visés par Jacques Carat.
Un premier gros chantier de transformation en véritable salle de spectacle a pris forme et permis de réaliser un équipement intéressant sur les plans spatial, architectural et scénique. Dès l'inauguration en 1988, le théâtre de Cachan ainsi aménagé a permis de générer une attraction plus forte auprès des populations de Cachan et des communes avoisinantes, à partir d'une programmation essentiellement théâtrale avec des spectacles d'une grande qualité et accessibles aux différents publics. Le lieu était très dynamique avec un plateau et des équipements professionnels également ouverts aux associations, aux scolaires du niveau élémentaire jusqu'aux établissements d'enseignement supérieur et universitaire. Le théâtre de Cachan s'est ainsi forgé une belle réputation.

Qu'est-ce qui a déclenché le projet de restructuration et d'extension du théâtre?

JYLB L'activité du théâtre, dont la programmation en dix ans avait beaucoup évolué et s'était élargie, devenait à nouveau difficilement compatible avec les disponibilités du site. En 1998, lorsque j'ai été élu maire de Cachan, le lieu avait largement montré ses limites. Pour ne pas compromettre son rayonnement et sa capacité d'accueil tout en élargissant la programmation à d'autre formes de spectacles, la question s'est évidemment posée de le modifier. Nous discutions déjà avec Jacques Carat, lorsqu'il était encore maire, de la nécessité d'avoir deux espaces,

deux salles pour diversifier les spectacles. De plus, de nouvelles contraintes d'accessibilité se posaient. Le théâtre se trouvait tenu d'y répondre et elles nécessitaient des aménagements significatifs. Une autre aventure voyait le jour avec l'intercommunalité du Val-de-Bièvre regroupant sept communes dont les élus ont choisi, très volontairement, de mettre aussi en commun des compétences culturelles fortes comme les programmations théâtrales, l'enseignement de la musique ou le développement d'équipements de proximité à vocation culturelle. Avec l'Espace culturel André Malraux-théâtre du Kremlin-Bicêtre, le théâtre Romain Rolland de Villejuif et le théâtre de Cachan, une coopération très singulière s'est mise en place au moment où toutes nos communes développaient des activités culturelles que l'intercommunalité soutenait. Il appartenait désormais à la communauté d'agglomération d'accompagner la ville et le centre culturel communal dans la démarche de transformation de l'édifice existant pour en élargir la programmation et en améliorer l'accessibilité, l'accueil tant du public que des acteurs, des interprètes comédiens, musiciens et danseurs dans des espaces mieux dimensionnés et en adéquation avec l'exigence de qualité qui a toujours caractérisé le travail des équipes animant le lieu.

Vous parliez de cette seconde salle…
JYLB Nous en avons souvent discuté avec Jacques Carat. J'avais le bonheur de l'accompagner au théâtre, de voir des spectacles, de rencontrer des artistes, et c'est à l'occasion de ces échanges que le projet a plus particulièrement pris corps. Jacques Carat était persuadé qu'il fallait une seconde salle d'une jauge inférieure, à la fois pour faciliter le fonctionnement de la première en termes d'augmentation du nombre de spectacles programmés et pour pouvoir accueillir des formes plus légères, sous diverses présentations scéniques. Pendant un temps, l'idée nous a effleurés de transformer une salle existante en ville, mais techniquement c'était trop compliqué. Jacques Carat était plus particulièrement spécialisé en théâtre, mais mon goût pour la musique me faisait espérer de la voir davantage représentée, même si l'Orchestre national d'Île-de-France donnait des concerts dans le théâtre de Cachan depuis plusieurs années, puisqu'il était alors domicilié dans notre ville. Il fallait que la danse, les arts de la rue et beaucoup d'autres expressions artistiques puissent trouver une meilleure place.

Comment s'est déroulé le projet?
JYLB Pour arriver à la construction actuelle, je dois vous avouer que le parcours a été particulièrement difficile et laborieux. À Cachan, les élus et le centre culturel communal formulaient des attentes, des enjeux qui constituaient des exigences auxquelles nous pensions

Théâtre Jacques Carat, 2011

pas céder. La communauté d'agglomération cultivait heureusement une volonté de soutenir réellement les attentes des communes membres. Étant donné les contraintes d'un tel équipement, et sa situation, nous avions plusieurs objectifs à tenir.

D'abord cet édifice, à vocation de lieu de spectacle ouvert vers l'extérieur, devait répondre à une réalité urbaine résultant du projet Cœur de ville. Ce projet urbain, consistant à donner un vrai et beau centre de ville à la commune, Jacques Carat l'avait initié au début des années 60. Je me suis attaché à le poursuivre et à l'achever lorsque je lui ai succédé. Il comprenait, sur cette zone, la réalisation des rives de Bièvre, la jonction vers le théâtre au sud par la réalisation d'un grand espace vert longeant l'église Sainte-Germaine, l'accès à une esplanade paysagère au-devant du théâtre, en limite de l'imposante place qui porte aujourd'hui le nom de Jacques Carat. Il s'agissait donc de projeter le nouveau théâtre comme une composante d'un ensemble urbain offrant un cadre de vie apaisé, raisonnable, traversé de circulations douces, avec des aménagements qui favorisent des appropriations partagées et maîtrisées. Tous ces éléments compliquaient la donne et dépassaient le seul enjeu d'agrandir par le théâtre en créant une seconde salle.

Ensuite, l'étude programmatique, le choix de la maîtrise d'œuvre et le chantier ont été plus laborieux que prévu. Le moment et la chronologie dans les travaux ont été, par ailleurs, complexes, car ceux-ci ont été décidés et engagés alors que de lourdes questions institutionnelles et financières pesaient sur le choix des élus et que la crise économique commençait à sérieusement impacter les marges d'action des collectivités locales. Notre intercommunalité n'était pas épargnée par les débats sur le caractère indispensable ou non des projets. À mon sens, c'est justement quand cela va mal qu'il faut prendre les décisions de préserver, de développer voire de créer des lieux d'éducation, de culture. Notre société est bouleversée par une modernité qui nous bouscule en remettant en cause ce qui semblait pourtant intangible. Devant la nécessité de dessiner un avenir commun, elle cherche de nouveaux vecteurs pour son indispensable vivre-ensemble, pour sa cohésion, pour son aspiration à toujours plus de justice sociale. La culture comme l'éducation sont des vecteurs essentiels, primordiaux, qui servent tous et chacun, amalgamant les origines différentes, les âges, les aspirations et les inspirations, les goûts et les talents. Nous avons pensé qu'il fallait aller jusqu'au bout de la démarche. Et je ne serai jamais assez reconnaissant envers les collègues maires qui ont soutenu ce choix et ainsi permis son aboutissement.

Et vous deviez avoir fort à faire avec l'opposition?

JYLB En effet, mais pas uniquement. Il y a toujours des détracteurs aux projets et ce sont souvent les mêmes. S'opposer, même quand le projet est utile et paraît bénéfique, participe des postures malheureusement habituelles dans les débats politiques. Dans la vie communale, il faut aller au-delà des pressions, des campagnes qui désinforment, pour défendre la légitimité la plus forte, l'intérêt général, les enjeux au-delà du court terme. Aujourd'hui, défenseurs et détracteurs se retrouvent dans ce beau bâtiment pour apprécier une programmation très riche. Leur présence est une réponse qu'on peut savourer, non sans délices, même si c'est d'abord le succès que rencontre le théâtre Jacques Carat qui comble ceux qui en ont conduit la transformation. La fréquentation du lieu pour cette première année de fonctionnement est éloquente: jamais un tel taux d'abonnés n'avait été atteint.

Comment le jury a-t-il fait le choix de ce projet? La réponse architecturale correspond-elle à ce que vous imaginiez?

JYLB Trois critères principaux étaient posés dans l'appel à projet.

Tout d'abord, concevoir ou réhabiliter un lieu de spectacle requiert le respect d'exigences et de contraintes techniques très lourdes, puisqu'il accueille le public et qu'il doit être équipé pour la présentation de spectacles de qualité.

Ensuite, compte tenu de l'intégration des deux salles et de tous les espaces nécessaires attenants, et ce dans un bâti préexistant, il en découlait forcément un édifice monumental.

Enfin l'intégration urbaine, à flanc de coteau, devait respecter, servir et même valoriser ce qui existe tout autour. Ici, au cœur de la ville, et ce n'est pas banal: côtoyer un stade, une église, des espaces paysagers généreux et au caractère affirmé, un environnement bâti comprenant un ensemble hétérogène de pavillons, des habitats collectifs récents de grande qualité, dans un aménagement conçu pour une fonctionnalité de centre-ville, en évoquant la brique, qui est le module matériel que l'on retrouve un peu partout dans l'environnement de l'hôtel de ville qui en est totalement recouvert.

La conception est une chose, la réalisation en est une autre. Une fois évoqués ces points, je qualifierais ce projet d'architecturalement remarquable. Connaissant le dossier depuis son premier énoncé, ainsi que toutes les contraintes, c'était à mon sens le meilleur choix. C'est une équipe de jeunes architectes qui l'a réalisé, face à des agences plus chevronnées. À chaque appel d'offres, nous intégrons - et nous ne sommes pas les seuls à le faire -, de jeunes concepteurs pour leur donner

Inauguration du théâtre en octobre 2017. En haut: Jean-Yves Le Bouillonnec et ci-dessus de gauche à droite: Sylvie Carat (fille de Jacques Carat et présidente du centre culturel du Val de Bièvre), Hélène de Comarmond (première adjointe au maire de Cachan devenue maire de Cachan après le départ de Jean-Yves Le Bouillonnec), Michel Leprêtre (président de la communauté d'agglomération Seine-Amont)

l'opportunité de mettre le pied à l'étrier. Le projet retenu était le plus proche de ce que l'on imaginait. Certains concurrents avaient mal appréhendé les espaces qui préexistaient et à partir desquels il fallait composer, comme la préservation de la grande salle ou l'importance des équipements techniques, ou bien encore ne tenaient pas compte de la nécessité de préserver des ateliers, salle de répétition ou foyer pour les activités diverses liées à la vie de cet équipement dans notre ville.

Après une première saison dans les murs, comment voyez-vous l'évolution du lieu?

JYLB Nous avons imaginé un lieu ouvert toute la journée compte tenu des multiples activités qui peuvent s'y dérouler et des différents publics qu'il peut accueillir. Après un an, c'est encore un lieu en rodage. Il y avait une grande attente du public, que le retard du chantier a intensifié, et l'inauguration a été un moment magnifique. Depuis, le lieu ne désemplit pas, le théâtre n'avait jamais accueilli autant de spectateurs. Bien entendu, il faut que l'équipe du centre culturel communal trouve son rythme de croisière, apprivoise totalement l'équipement et son potentiel, préserve ses vocations, et conserve, en l'optimisant, ce superbe outil technique. Une belle ambition! Et il appartient à l'équipe municipale actuelle de poursuivre sur la voie que Jacques Carat et moi-même, avec nos équipes, avons imaginé d'abord pour les Cachanais, mais pas seulement pour eux, en développant ce lieu qui va trouver sa plénitude. Un lieu ouvert aux spectateurs, aux créateurs et aux interprètes. Un lieu pour tous.

Vues aériennes: ❶ église Sainte-Germaine de Cachan, ❷ ancien théâtre Jacques Carat, ❸ place ovale, ❹ mairie de Cachan, 2015

Le théâtre avant travaux, 2011

« À mon sens, c'est justement quand cela va mal qu'il faut prendre les décisions de préserver, de développer voire de créer des lieux d'éducation, de culture. »

Phase de démolition et préservation de la cage de scène et de la grande salle existantes, octobre 2014

SYLVIE CARAT (SC) est présidente du centre culturel communal depuis 2001.

Vous êtes la fille de Jacques Carat qui a été maire de la ville de Cachan de 1953 à 1998 et qui est à l'origine de la construction du théâtre, dont demeure la grande salle dans le projet de restructuration et d'extension des ateliers o-s architectes. Pourriez-vous nous exposer la trajectoire de votre père afin de mieux saisir son engagement dans la culture, et plus particulièrement son implication dans le théâtre à Cachan?

SC Mon père était un passionné de littérature, de poésie et de théâtre où il allait très souvent dès son adolescence et qu'il pratiquait comme amateur. J'ai même découvert dans son journal qu'il avait sérieusement pensé, vers 19-20 ans, en faire son métier. Pendant la Seconde Guerre mondiale, prisonnier pendant quatre ans en Allemagne, il a écrit plusieurs recueils de poèmes, quelques pièces, et même créé une petite troupe de théâtre. De retour de captivité, il a travaillé puis est devenu secrétaire de rédaction pour la revue littéraire *Paru* créée par Odile Pathé. À la disparition de *Paru*, avec François Bondy, le père du metteur en scène Luc Bondy, il participe en 1951 à la création de la revue *Preuves*. Cette revue regroupait des intellectuels de tous bords (comme Raymond Aron ou Alexandre Soljenitsyne) engagés dans la lutte contre le totalitarisme et tout particulièrement, durant cette période de guerre froide, contre le stalinisme. Il y écrivait régulièrement un éditorial politique, « L'air du temps », et des critiques de théâtre. Il en devint ensuite le rédacteur en chef.

Mais son amour de l'art a très vite rejoint son engagement politique, avec la conviction que la culture doit être à la portée de tous et qu'elle constitue un puissant facteur d'émancipation. Membre de la SFIO, il est élu conseiller municipal de Cachan en 1947, dans l'opposition socialiste alors ultra-minoritaire. Il se fait connaître localement de façon plutôt musclée : osant défier à la tribune Maurice Thorez, secrétaire général du parti communiste, il se fait violemment molester par son service d'ordre. Hasard ou prédestination : son accession au fauteuil de maire en 1953, à l'âge de 33 ans, est le résultat d'une opposition fratricide entre deux courants de la majorité de droite du conseil municipal. Il sera par la suite réélu 7 fois et restera maire de Cachan pendant 45 ans.

En 1968, il est élu sénateur. Il siégera dans cette haute instance jusqu'en 1995 et y sera avant tout le héraut de la culture. Pour mener de front ses fonctions municipales et nationales, il renoncera alors à ses occupations de journaliste. Vice-président de la Commission des affaires culturelles et rapporteur du budget du théâtre et du cinéma de 1980 à 1995, il défendra le prix unique du livre, réforme essentielle pour protéger les librairies traditionnelles, le mécénat et la sécurité sociale des artistes, la protection de la propriété artistique et la défense des droits d'auteurs, ou encore le soutien à la création cinématographique.

De 1969 à 1986, il sera président du Théâtre de la région parisienne (TRP), dont la mission est de garantir l'accès des communes de banlieue à des spectacles de qualité. Sa passion pour toutes les formes de création dépasse le domaine théâtral : de 1969 à 1996, il est membre de la Commission de contrôle cinématographique, qui donne leur visa aux films ; il a aussi été administrateur du festival international du film de Cannes et devient dès 1973 administrateur de l'Orchestre national d'Île-de-France, dont il prendra la vice-présidence puis la présidence.

A-t-il été pour sa ville ce que l'on appelle un « maire bâtisseur »?

SC De toute évidence. En 1953, Cachan est une grosse bourgade aux portes de Paris, suspendue entre un passé rural encore palpable et les prémices de l'urbanisation. La commune est à la fois ancienne, portant la trace d'industries et d'artisanats datant du Moyen Âge, et jeune administrativement puisque son détachement d'Arcueil remonte seulement à 1922. La séparation ne s'est pas faite à l'avantage de Cachan, qui manque cruellement d'équipements. Tout est à réaliser et les moyens sont limités. La fragilité des activités économiques contraint les finances de la ville et les surfaces constructibles sont rares. Dès son élection, il fait recenser les terrains nus ou mal occupés afin de constituer la réserve foncière nécessaire à la mise en œuvre de ses projets de construction. Il veut « bâtir l'avenir » tout en « préservant le passé et en protégeant le charme résidentiel de Cachan ».

Sa première priorité, qui restera une préoccupation majeure tout au long de ses mandats, sera incontestablement le logement. La municipalité obtient en 1955 la création de l'office municipal d'HLM, un des premiers du département. La ville constitue en parallèle une société d'économie mixte, ce qui permet de lancer rapidement des programmes de logements sociaux.

Face à une jeunesse en pleine expansion, des travaux importants sont menés pour agrandir les établissements scolaires existants et en créer d'autres. La ville manque aussi d'équipements sanitaires et sociaux. Entre 1953 et 1977 (ses trois premiers mandats), seront créés plusieurs centres pour les enfants mais aussi pour personnes âgées.

En 1953, Cachan est un patchwork de quartiers qui sont dos à dos, et d'habitants qui ne se fréquentent pas. D'importants travaux de voirie seront entrepris pour créer les liens qui font défaut. Cette harmonisation de l'espace trouvera son point d'orgue dans l'aménagement du cœur de ville avec la création de logements neufs et d'activités économiques, un chantier qui mettra plus de 15 ans à aboutir. Mais c'était un bâtisseur humaniste, obsédé par la volonté de créer une cité vivante où chacun puisse s'épanouir, que ce soit par le biais de la vie associative, par la pratique du sport (création d'une piscine municipale, de gymnases, de stades, etc.) ou par la culture : construction de bibliothèques municipales, d'un conservatoire de musique, de salles de cinéma, d'une maison des jeunes et des loisirs… puis d'un théâtre !

De quand date cette volonté de créer un théâtre à Cachan?

SC Je pense que dès son élection comme maire en 1953, il avait en tête d'implanter dans la ville un lieu de création artistique. Dès 1970, il invitera les plus grands noms de la scène théâtrale et de la variété à la Maison des jeunes et des loisirs, située à l'emplacement actuel du théâtre. Dans ces murs, se dérouleront des représentations officielles de la Comédie Française avec, par exemple, *Six personnages en quête d'auteur* de Pirandello avec Sacha Pitoëff, *Le barbier de Séville* de Beaumarchais avec François Chaumette et Michel Etcheverry, *En attendant Godot* de Beckett avec Michel Aumont, de grandes œuvres théâtrales comme *Les Parents terribles* de Cocteau avec Jean Marais, *Le neveu de Rameau* de Diderot avec Michel Bouquet, *Le gardien* de Pinter avec Jacques Dufilho, *Trahisons*, autre pièce d'Harold Pinter, avec Samy Frey et Marthe Keller, *Le nombril* d'Anouilh avec Bernard Blier, de franches comédies ou vaudevilles comme *Faisons un rêve* de Sacha Guitry avec Claude Rich, *Joyeuses Pâques* de et avec Jean Poiret, *Comment devenir une mère juive en 10 leçons* avec Marthe Villalonga, *Potiche* de Barillet et Gredy avec Danielle Darrieux. Chaque année, un concert de l'Orchestre national d'Île-de-France s'y tenait. Des concerts de jazz comme celui de Claude Luter en hommage à Sidney Bechet, des ballets, des humoristes dont Pierre Perret,

Jacques Carat avec Serge Reggiani, 1977

Raymond Devos, Jacques Villeret, et les plus grands noms de la variété (Georges Brassens, Barbara, Gilbert Bécaud, Serge Reggiani, Charles Aznavour, Serge Lama, Julien Clerc, Yves Duteil, Mort Shuman) s'y sont produits. La liste est loin d'être exhaustive !

Le succès est immédiat. Très vite, Jacques Carat nourrit le projet d'agrandir et de moderniser l'équipement pour donner naissance au théâtre qui sera inauguré en 1988, avec *Le Malade imaginaire* de Molière, mis en scène par Georges Werler avec Michel Bouquet dans le rôle-titre. L'année 1988 est très riche pour la culture à Cachan puisque c'est également l'année de l'ouverture de la troisième salle de cinéma. Le théâtre est alors doté d'une scène de 220 m² et de plus de 600 places. Très vite, il s'impose comme un lieu de création à part entière en Île-de-France et Cachan comme une ville pionnière sur le plan culturel.

Quant à l'idée d'une deuxième salle, j'ai le souvenir que c'est un rêve que mon père a caressé dès la création du théâtre ! Le succès de la première salle et l'impossibilité d'y accueillir certains spectacles à la pointe des dernières technologies scéniques ont conforté cette ambition.

Avec Jean Marais, 1982

Avec Jacques Villeret, 1980

Avec Laurent Terzieff, 1981

Pensez-vous que ce nouvel équipement exauce le vœu de votre père ?
SC C'est un lieu absolument magnifique ! La grande salle, dénommée salle Michel Bouquet en hommage à cet acteur qui a créé tant de pièces dans ce lieu, a été entièrement rénovée et mise aux normes de sécurité et d'accessibilité. Elle est conçue pour accueillir de grandes formes théâtrales, musicales ou chorégraphiques.

La deuxième salle, baptisée Claude Charasse, du nom d'un ancien adjoint à la culture de mon père et qui fut une des chevilles ouvrières du développement du théâtre, offre de vastes possibilités techniques et permet des conditions d'aménagement très diverses : spectacles en bi-frontal, quadri-frontal ainsi que des formes plus intimistes un peu perdues dans la grande salle Michel Bouquet. Elle est équipée de gradins télescopiques de 230 places assises et 700 places debout.

Mais au-delà de ces deux salles, le nouvel équipement est conçu comme un véritable lieu de vie et de soutien à la création artistique. Les artistes disposent de loges collectives et individuelles, d'une loge habilleuse, d'un foyer pour se réunir ainsi que d'une salle de répétition. Le bar-restaurant situé en prolongement du hall d'entrée permet d'accueillir plus d'une centaine de couverts et apparaît déjà comme un véritable lieu d'échange pour les spectateurs et entre le public et les artistes à l'issue des représentations. Le restaurant est ouvert tous les soirs de spectacle et le bar accueille des apéros-rencontres et de petites formes artistiques. Comme dans l'ancien théâtre, mais en plus spacieux, le hall est également un lieu d'exposition.

Enfin, l'esplanade paysagère devant le théâtre, inaugurée en mai dernier, merveilleux espace de rencontres pour les habitants, achève la réalisation de ce lieu de culture voulu comme un théâtre dans la ville ouvert à tous.

Voilà un an que le théâtre Jacques Carat, paré de ses nouveaux habits, a ouvert ses portes. Vous qui êtes présidente du centre culturel, que retenez-vous de cette année ? Et quels seraient les éléments à améliorer ou à inventer ?

SC La première chose que je retiens de cette année d'ouverture est l'accueil enthousiaste du public. Pour preuve, le nombre d'abonnés dès cette première année : 850, soit un chiffre très supérieur à ceux enregistrés avant la fermeture pour travaux ! Et j'ai été frappée par la rapidité de la prise en main de l'établissement par les équipes et par la manière dont le public s'est approprié le lieu.

Nos souhaits pour l'avenir : continuer d'offrir des spectacles toujours plus ambitieux et très variés à des prix très attractifs, développer ce lieu de vie en ouvrant, par exemple, le restaurant – qui a immédiatement connu un incontestable succès – en dehors des soirs de représentation, développer une bibliothèque théâtrale – pour l'instant au stade embryonnaire au premier étage –, et surtout accompagner la vie dans cet édifice habité par les émotions des spectateurs.

La salle en octobre 1982

Avec Jean-Claude Brialy, 1981

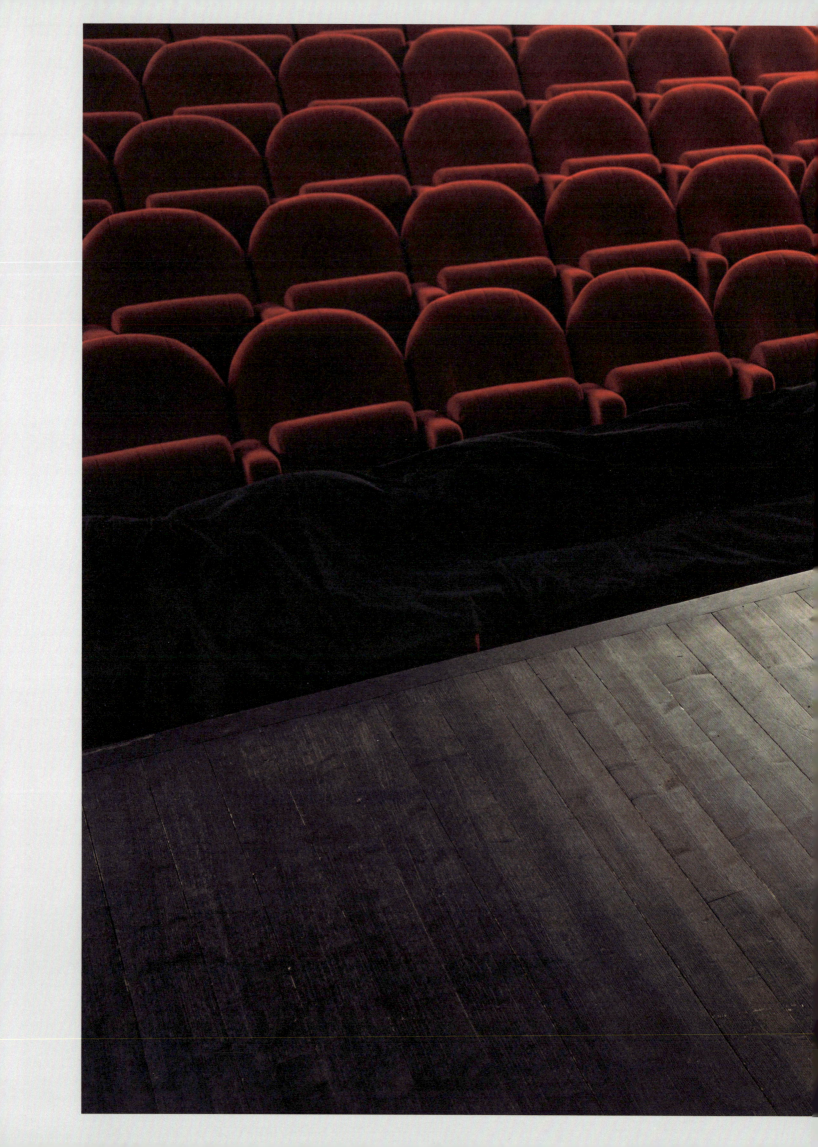

ANNETTE VARINOT (AV) est directrice du centre culturel communal depuis 2012.

Avec votre équipe, vous êtes entrée dans ce nouvel édifice, le théâtre Jacques Carat, réalisé par les ateliers o-s architectes, en septembre 2017 pour y tenir votre première saison 2017-18. Pouvez-vous nous expliquer le mode de fonctionnement de ce théâtre?

AV Le théâtre Jacques Carat est constitué sous forme associative et géré par le centre culturel communal de Cachan qui prend également en charge l'activité du cinéma La Pléiade. Ses missions s'articulent autour d'un travail de diffusion avec une programmation diversifiée intégrant toutes les disciplines du spectacle vivant; de création avec un soutien apporté à des équipes artistiques en résidence; et le développement des publics avec de nombreux projets d'action culturelle et propositions de rencontres avec le public. Une part importante de l'activité du théâtre est également consacrée à l'accueil des organismes communaux. Associations, établissements scolaires et universitaires, services municipaux sont des utilisateurs réguliers de la scène cachanaise, ce qui amplifie et renforce la contribution du théâtre à la vie culturelle locale.

Pour mener cette mission, nous sommes une équipe composée de 15 personnes qui œuvrent tout au long de la saison en animant le lieu et en accueillant spectateurs et artistes dans les meilleures conditions. L'enjeu était de taille cette année 2017-18, puisque nous avons inauguré le nouveau bâtiment du théâtre Jacques Carat après quatre années d'activité nomade et de programmation dans différents lieux de la ville.

Quels objectifs visez-vous en mettant en place toutes ces actions?

AV En proposant une programmation large et diversifiée, nous voulons nous adresser à tous les publics en espérant que chacun y trouve son compte. Nous souhaitons éveiller les gens à la curiosité et à la découverte de nouvelles formes parfois plus difficiles d'accès. Si pour certains la fréquentation des équipements culturels semble évidente, elle l'est moins pour d'autres.

Nous tenons aussi et avant tout à faire de ce théâtre un véritable lieu de vie, où les gens se rencontrent, avec évidemment un programme de spectacles que nous composons avec Magali Léris, directrice artistique [cf. entretien correspondant, p. 52], mais aussi des propositions qui facilitent les échanges avec les artistes. Qu'il s'agisse d'apéros-rencontres, de stages ou de dîners avec les équipes artistiques, nous voulons créer du lien et privilégier des moments de convivialité.

Après ces quatre années hors les murs, nous avons un travail important à faire auprès du public pour l'inviter à découvrir ou redécouvrir le théâtre Jacques Carat transformé.

Comment faites-vous pour renouer avec ces spectateurs?

AV L'équipe d'accueil et de relations publiques s'emploie largement à tisser ce lien avec le public et s'appuie sur un réseau de partenaires importants pour construire des projets spécifiques.

Établissements scolaires, centres socioculturels, associations, conservatoire, services de la ville: nos partenaires sont nombreux et nous accompagnent dans le développement de nos propositions. Qu'il soit question d'un simple parcours de spectateurs ou d'une participation à des projets plus ambitieux, nous nous efforçons de toucher le public de différentes manières et d'être à l'écoute de ses envies.

L'accueil d'artistes en résidence nous permet également de faire un travail de territoire sur le long terme et de fidéliser les spectateurs en les invitant à écouter la lecture d'un texte qui va être créé, à assister à une répétition, à accompagner des petites formes en lien avec une création, à participer à des ateliers de pratique. Toutes ces initiatives permettent de faire découvrir une œuvre, un artiste ou un univers de création.

Comment envisagez-vous le rassemblement de ces différents publics?

AV En fait, à mon sens, tous ces publics ne forment qu'un seul public, celui de notre théâtre. Pour moi, le théâtre, c'est partager ensemble une aventure artistique et humaine. Mon projet, c'est que le théâtre Jacques Carat soit un vrai lieu de rencontres, d'échanges et de découvertes, dans cet esprit ouverture sur la ville que donne le projet architectural.

Dans le nouveau projet, l'ancienne salle, rebaptisée «Michel Bouquet», demeure, et une nouvelle salle modulable a pris corps.

AV La salle Michel Bouquet a une capacité d'accueil de 593 personnes. Son plateau conséquent nous permet de recevoir de grandes formes de théâtre, d'opéra, de cirque et de musique. La volonté politique de créer une petite salle modulable nous permet désormais d'enrichir notre programmation en proposant des formes singulières ou des petits formats et ainsi d'établir un rapport différent au plateau. Certains spectacles ont aussi besoin d'être «vus de près» et la seconde salle Claude Charasse nous offre un rapport plus intime à la scène et aux acteurs. Les deux salles sont complémentaires dans notre travail de programmation. Nous sommes maintenant en mesure de démultiplier les possibles pour notre plus grand plaisir!

Vous êtes une petite équipe pour un équipement qui a doublé de volume. Comment vous adaptez-vous à cette situation?

AV Nous avons créé deux postes en technique pour prendre en compte un volume d'activité plus important et le fonctionnement des deux salles. Pour l'accueil des spectateurs, nous avons fait appel à une équipe d'ouvreurs qui renforce l'effectif permanent. Nous sommes en effet peu nombreux. Il nous faudra sans doute du temps pour

« Pour moi, le théâtre, c'est partager ensemble une aventure artistique et humaine. »

« Les deux salles permettent de démultiplier les possibles pour notre plus grand plaisir ! »

nous approprier ce nouveau lieu et ses espaces et trouver un mode de fonctionnement. Mais après quatre années hors les murs, nous avons su nous adapter à des contextes très différents et je suis confiante dans la capacité de notre équipe à s'adapter aux changements. Nous espérons qu'avec ce nouveau lieu et le projet qui va l'accompagner, nous aurons la possibilité de déployer de nouvelles ressources et ainsi de renforcer l'équipe administrative, notamment dans le domaine des relations publiques.

Le nouvel équipement nous offre de belles perspectives de développement et nous souhaitons faire vivre ce lieu. Nous devons désormais l'habiter, l'habiller, le rendre chaleureux et cela va prendre du temps également. Avec la galerie d'exposition, le restaurant qui sera ouvert les soirs de spectacles avant et après les représentations, la perspective de créer un centre de ressources dédié au spectacle vivant et une librairie présente les soirs de spectacles, les envies et les projets ne manquent pas.

Si l'on regarde le programme de l'année 2017-18, tous les arts vivants sont présents.

AV Grâce à ce nouvel outil et à ses deux salles de spectacles, nous pouvons tout aussi bien accueillir du théâtre, de la musique, des marionnettes, divers types de performance… en suivant un certain éclectisme, pour imaginer satisfaire les désirs de chaque citoyen. Nous souhaitons proposer des formes innovantes et singulières, susciter la surprise et inviter à la découverte. Pour cette année d'ouverture, nous avons choisi des spectacles qui feront découvrir au public la modularité de la salle Claude Charasse. Qu'il s'agisse de *L'après-midi d'un Foehn*, « pièce de vent » créée par Phia Ménard, *Simon La Gadouille* d'Arnaud Anckaert, artiste associé depuis 2018, *Sur les pas de Lise*, concert narratif imaginé par la violoncelliste Marie-Thérèse Grisenti ou encore la saisissante *Histoire de Clara* de Vincent Cuvellier, un spectacle sous casque audio pour lequel nous avons rétracté les gradins libérant ainsi l'espace pour y disposer des coussins, voici autant de propositions qui je l'espère sauront susciter l'intérêt du public.

Comment envisagez-vous l'interaction entre le théâtre et son nouveau parvis-jardin inauguré plusieurs mois après l'ouverture ?
AV Résultant d'une concertation citoyenne, le jardin participe de l'ouverture sur la ville, en affirmant l'entrée du théâtre avec le parvis et divers cheminements pour y accéder. Cet espace nous offre également la possibilité de créer des interactions avec notre programmation. Un espace scénique y est intégré et nous permettra de proposer des spectacles ou petites formes en extérieur.

Qu'en est-il de l'accueil des artistes ?
AV Nous recevons quatre artistes en résidence – Leïla Anis, Arnaud Anckaert, Anne Barbot et Magali Léris. Ensemble, nous avons imaginé différentes propositions qui inviteront le public à participer aux différentes étapes de leur création. Lectures-aventures, impromptus, dîners en compagnie, paroles croisées, concerts-lectures… Carte blanche leur est donnée pour penser des formes de rencontre inédites et offrir aux spectateurs l'occasion d'appréhender le lieu et ses différents espaces d'une autre manière.

Magali Léris et Annette Varinot lors d'un bord de scène, 2018

MAGALI LÉRIS (ML) est directrice artistique du centre culturel communal depuis 2013.

Quand êtes-vous arrivée dans l'aventure du théâtre Jacques Carat et quelle était votre mission?

ML J'ai été engagée en 2013. L'ancien théâtre fermait ses portes et il m'incombait de prendre la direction artistique d'un projet qui se situait nécessairement hors les murs, pendant la durée des travaux. Toutefois cela devait durer une saison et demie... nous avons fait quatre saisons hors les murs. Mon profil d'artiste metteur en scène, mais aussi de meneuse de projets auprès de publics éloignés des pratiques artistiques a été sélectionné par Annette Varinot: il s'agissait d'inviter un large public à partager un regard singulier, neuf, sur les arts vivants et de développer des actions vers un public absent du lieu de culture. J'ai initié, avec une quinzaine de partenaires de la ville, le festival Mad'in Cachan avec des ateliers artistiques, du théâtre, de la vidéo, de la danse, des travaux d'écriture mais aussi de la marionnette, de la photo, de la bande dessinée, sous forme d'ateliers. Durant trois ans, Mad'in Cachan s'est déployé partout dans la ville, dans différents lieux, et notamment les trois centres socioculturels; pour aboutir au festival en février 2017 où tous les groupes d'artistes amateurs ont pu montrer leur travail: au moins 300 artistes amateurs ont participé à cette aventure! Cette période hors les murs aura touché énormément de gens qui n'allaient jamais au théâtre, et qui n'avaient jamais poussé la porte du théâtre Jacques Carat auparavant. Et j'ai fait une programmation de petites formes, notamment un festival de «seul-e-s en scène».

Quel programme était alors en place et dans quels contextes de salles?

ML Il s'agissait de petites jauges, jusque 190 à 200 personnes. Les spectacles étaient des formes légères, mais de très grande qualité, avec de grands auteurs et de grands acteurs. Cette expérience aura démontré que toutes les formes d'art vivant peuvent coexister dans divers endroits. Il y a avait de la danse, du théâtre, du cirque, du conte et une belle convivialité. Nous prêtions une attention particulière à l'accueil, d'autant que les lieux n'étaient pas toujours très confortables. En hiver, nous préparions du thé chaud à la menthe. Les rapports n'étaient pas conventionnels, et c'est ce qui nous a permis de tisser des liens plus étroits avec le public et de rencontrer de nombreuses associations. Finalement, cette dynamique était à l'opposé de l'idée de la consommation que porte la société actuelle, même dans les arts vivants. Le théâtre était partout dans la ville. Cela donnait un côté nomade, un coté «saltimbanque» bienvenu et sympathique à toute l'équipe du théâtre.

Lorsque le nouveau théâtre a ouvert ses portes, qu'est-il resté de ces liens tissés avec ces publics?

ML À l'ouverture, le public a été fidèle et nous avons eu de nombreux abonnés. C'était même inattendu, avec plus de 800 abonnés pour deux salles de 597 et 230 places. Ce n'était pas gagné car le nouveau bâtiment est imposant. Il peut être très impressionnant pour certaines personnes. Mais les gens poussent la porte et ce, notamment, grâce au travail effectué pendant la période hors les murs. D'ailleurs, nous continuons ce travail de proximité en poursuivant des formations et rencontres dans les centres socioculturels et à passer le message qu'il existe plein de formes d'arts vivants à découvrir. De plus, l'équipe connaît le public et peut donc continuer à dialoguer avec lui, en plus du plaisir des retrouvailles.

En tant que directrice artistique, comment choisissez-vous les spectacles et comment construisez-vous la programmation?

ML Je pars du principe que le public est intelligent. À Cachan, le public est mélangé, avec des origines et des âges divers, mais il est très exigeant et le fait savoir: il n'hésite pas à nous livrer ses impressions et à nous faire des critiques, dans et hors les murs. Et comme avec le hors les murs il a pris l'habitude de «voir de près», il aime aussi la rencontre et le dialogue avec les artistes à l'issue des spectacles. Nos spectateurs viennent ici voir des œuvres qui leur permettent d'avoir des émotions et une réflexion. Je tâche de tenir compte de tout cela.

Tous les spectacles choisis, je les ai vus. C'est essentiel. L'équipe et moi-même repérons des pièces au festival d'Avignon et je suis dans une salle de spectacle presque tous les soirs de l'année, ou encore par connaissance de travaux d'artistes que nous suivons... Nous cherchons en équipe un équilibre dans la programmation en conjuguant marionnette, danse, théâtre, cirque, concerts, etc. Je choisis des équipes artistiques dont je pense qu'elles vont enthousiasmer le public, il faut que la passion entre en jeu, que je puisse soutenir ce qui m'a renversée et émue et que je donne envie aux gens de venir voir.

Je vise des spectacles d'un haut niveau artistique, dans toutes les disciplines, et qui produisent émotion et réflexion. Certains disent «populaire» d'autres «élitiste», je dirais «élitiste pour tous» pour citer Jean Vilar. De grandes formes qui peuvent se dérouler dans la grande salle Michel Bouquet, des formes plus légères et surprenantes dans la petite salle Claude Charasse: mon idée est d'explorer toutes les configurations

« À Cachan, le public est mélangé, avec des origines et des âges divers, mais il est très exigeant et il le fait savoir... »

possibles de cette salle entièrement amovible et d'y convier toutes les formes d'innovation en matière d'art vivant, ce qui plaît énormément aux Cachanais.

Comment vous positionnez-vous par rapport à l'offre parisienne, à quelques stations de RER d'ici?

ML Le public vient ici chercher quelque chose de particulier et de simple: la proximité, dans tous les domaines de l'art…

Paris ne nous fait pas concurrence: depuis l'ouverture du nouveau lieu, je peux enfin programmer des spectacles de tous types que j'ai vus à Paris et comme le public n'est pas très volatile, il vient voir tout cela «en bas de chez lui». Quand vous programmez Camille ou François Morel, je peux vous assurer que le public a envie de venir à côté de chez lui voir ces artistes!

Et quand le public découvre dans les médias un artiste qui aiguise sa curiosité, il est très content de ne pas prendre le RER puis le métro pour venir le voir!

Peut-être que l'accompagnement que nous avons fait auprès du public depuis le hors les murs a contribué à cette sensibilisation à notre programmation dans nos murs, mais je crois avant tout que c'est la qualité des artistes

Un Démocrate (Julie Timmerman), 2018

programmés qui emporte l'adhésion du public. Le principe de travailler avec des artistes associés comme Anne Barbot et la Compagnie Nar6 qui propose des parcours selon leur manière d'aborder une œuvre, personnifie le lieu, via des déambulations, des discussions, des rencontres, contribue sans doute aussi à une saine curiosité du public de voir «de près» les artistes, plus que s'ils allaient à Paris…

Quelle singularité distingue le théâtre de Cachan des autres?

ML Il est plus facile d'avoir l'émotion joyeuse, enthousiaste, celle des larmes est plus difficile à partager. Par exemple, *Des roses et du jasmin* d'Adel Hakim avec les acteurs du théâtre national de Palestine a suscité une ovation. La moitié du public sortait de là en nous disant «merci». C'était un partage inouï sur cette histoire de destinées de Palestiniens et d'Israéliens. Nous essayons de tisser un lien très fort avec la population, en lui offrant une programmation de haute qualité, en les accueillant au mieux et en les accompagnant dans cette démarche de venir au théâtre. Je pense que tous les théâtres font ça, mais comme nous venons d'ouvrir, la curiosité du public pour le lieu est grande. Pour le public comme pour l'équipe, cela reste une aventure à construire au quotidien.

Quelle tonalité prendra la saison 2018-19?

ML Ce sera l'année des créations! Avec quatre compagnies en résidence qui vont monter des pièces inédites, de très gros spectacles comme *La Traviata*, le collectif Les Chiens de Navarre ou Maëlle Poésy qui montrera *Candide*. La compagnie 3e étage, composée de solistes du ballet de l'Opéra de Paris, viendra présenter des saynètes dansées, de très haute technicité

mais en détournant les codes de la danse classique qu'ils maîtrisent au plus haut niveau. Avoir ce nouvel outil permet ces créations et ces propositions audacieuses. De plus, l'ouverture de la Biennale de danse du Val-de-Marne se fera ici, dans nos murs. La Briqueterie à Vitry-sur-Seine l'a fait plusieurs années durant les travaux, c'est à notre tour de l'accueillir. D'autant que notre nouveau théâtre est tellement beau, tellement grand, qu'on peut y faire beaucoup de choses dans plein d'endroits, sur les scènes mais aussi ailleurs que sur le plateau: dans les loges, la salle de répétition ou encore dans la galerie d'art. Certains trouvent le hall trop grand: mais il n'est jamais trop grand! Avec son ciel étoilé, il est doté d'une très bonne acoustique, ce qui est propice à des concerts, par exemple. Qui sait, dans le jardin, sur l'esplanade, en extérieur… En 2017-18, nous avons présenté 41 spectacles et fait 96 levers de rideaux. L'année prochaine sera un peu moins chargée – nous sommes une petite équipe – mais l'intensité sera au moins aussi forte.

ATELIERS O-S ARCHITEC
GUILLAUME COLBOC ET

Créés en 2002, les ateliers o-s architectes sont organisés autour de trois associés : **VINCENT BAUR (VB), GUILLAUME COLBOC (GC) ET GAËL LE NOUÊNE (GLN)**.

CONCOURS

Le théâtre Jacques Carat à Cachan est le résultat d'un concours d'architectes que vous avez remporté. Qu'est-ce qui, selon vous, a distingué votre projet et lui a permis d'être sélectionné ?

GLN Le site était partiellement occupé par l'ancien théâtre. Le programme n'était pas figé et plutôt ouvert concernant l'existant. Nous avons pris un parti assez radical. Il s'agissait de conserver uniquement ce qui nous semblait avoir du sens, à savoir la grande salle de représentation, parce qu'elle incarnait une histoire et que son potentiel économique et spatial était intéressant. Autour, nous avons projeté un équipement en y associant les autres composantes du programme, comme la seconde salle, un espace d'exposition, des foyers et un espace de restauration, ainsi que les parties techniques, loges et autres services attendus dans un théâtre.

GC À partir de cette matrice, nous avons imaginé un projet global dans lequel la grande salle existante et la petite salle modulable sont enveloppées par une façade unitaire.

VB Nous étions attachés à cette façade homogène pour permettre l'identification du lieu comme entité autonome. Et ce d'autant plus qu'elle jouxtait un stade de sport et ne comportait aucun mitoyen. C'est une cohérence que nous cherchons dans la plupart de nos projets, alors que d'autres équipes ont proposé des édifices composites, aux aspects plus hétérogènes.

Le programme stipulait-il l'obligation de conserver la façade, étant donnée l'enveloppe budgétaire ?

GC En effet. Certains concurrents ont parfois gardé plus d'éléments de l'ancien théâtre, tandis que nous l'avons dégagé des volumes connexes. Nous l'avons déshabillé jusqu'à l'os pour n'en garder que l'essentiel : le parallélépipède de la salle avec sa scène frontale et sa cage de scène.

GLN Inclure cette ancienne salle dans une composition sans qu'elle transparaisse en tant que telle était notre choix.

L'enjeu du projet consiste à faire du neuf à partir d'un organe existant, qui a une histoire, une mémoire, celle des spectacles et donc celle du public attaché à cet équipement. Donc économiquement, il n'était pas envisageable de la démolir. Évidemment, si nous avions eu la possibilité de le faire, nous aurions revu la configuration de la salle existante, la pente de ses gradins, le rapport avec sa scène, les aménagements acoustiques, etc.

VB Cela aurait été un autre projet. Nous avons simplement rafraîchi la salle, en changeant les housses des fauteuils, pour améliorer le confort du public en repeignant ses murs pour qu'elle soit plus propre tout en conservant l'esprit d'origine, et en la mettant aux normes d'accessibilité aux personnes à mobilité réduite (PMR) et de sécurité incendie.

GC L'absorber dans le projet coulait de source et nous permettait de travailler de façon plus évidente les seuils et transitions du parvis aux deux salles.

En général, c'est dans la « signature » apportée à la grande salle par l'architecte avec le scénographe et l'acousticien que l'on caractérise les lieux de spectacle vivant. Comment avez-vous apposé votre « griffe » ?

GC Notamment en travaillant sur toutes les interfaces.

C'est-à-dire ?

GC Il s'agissait d'apporter un « plus » programmatique, un espace hors programme qui n'a pas forcément d'usages prédéfinis. Ainsi, nous ouvrons le cadre et les marges proposées par le programmiste, l'élu ou le client selon le projet. À Cachan, par exemple, il y a une perception depuis l'extérieur – monumentalité, massivité peut-être – et une fois à l'intérieur, une sensation d'amplitude spatiale.

GLN S'est aussi posée la question de l'emplacement de la seconde salle par rapport à la première. Il nous semblait évident de la situer côté stade et d'installer un foyer entre les deux salles qui se prolonge vers la ville, vers l'avenue Louis Georgeon et la place Jacques Carat, dans la composition en arc de cercle de l'architecte Louis Arretche.

VB La topographie différentielle entre la rue du Parc de Cachan à l'arrière, bordée de maisons, et la rue Dumotel avec son église, a aussi induit un positionnement haut pour ménager l'accès des décors par l'arrière et ouvrir le hall et les foyers vers le parvis-esplanade paysager.

GLN Auparavant, l'ancien théâtre n'était

accessible que par des séries d'emmarchements inadaptés aux normes actuelles. La mise à niveau des deux scènes nous semblait judicieuse pour faciliter le passage d'un plateau à l'autre pour les équipes techniques et les équipements, mais aussi côté hall pour le public. Nous tenions à avoir les deux accès de plain-pied, et en continuité avec le jardin.

Vous évoquez les limites, mais qu'en est-il du gabarit du théâtre ?

GC La toiture de la grande salle avec sa cage de scène formait la limite haute à ne pas dépasser. Et comme l'énoncé du programme réclamait un bâtiment signal, constituer une enveloppe unitaire nous paraissait évident. La cage de scène, édicule émergeant de la composition d'ensemble, forme dès lors une tour qui, éclairée, permet de signifier la présence du théâtre.

VB L'idée d'un bâtiment signal, d'un sémaphore dans la ville, demeure dans la forme.

PARCOURS

Dans ce type d'équipement, la circulation est essentielle pour faciliter les déplacements mais aussi l'évacuation en cas d'urgence. Comment avez-vous envisagé cette dimension compte tenu de l'exiguïté de la parcelle que vous mentionniez ?

GC Nous avons fait en sorte de simplifier au maximum les déplacements. En termes d'usage, il fallait que les flux soient homogènes, tant du côté du public que de celui de la technique.

GLN Pour la grande salle Michel Bouquet, nous avons établi deux accès, à cour et à jardin, l'un en partie haute, l'autre en partie basse. Grâce à ce choix, nous avons pu répartir le public de manière idéale, à l'entrée comme à la sortie. Mais pour aboutir à cette évidence, nous avons dû étudier et comparer divers scénarios, en établissant des croquis, des schémas, et de nombreuses maquettes d'étude.

GC L'idée était également de privilégier le foyer et le rapport avec l'espace public attenant, comme prolongement extérieur. Cet espace de rencontre est dilaté à l'angle de deux rues, en contact direct avec la salle Michel Bouquet, et tourné vers la ville, tandis que le volume aveugle de la petite salle Claude Charasse est mitoyen du stade, puisqu'il ne nécessite aucune ouverture. De facto, le foyer s'étire d'un bout à l'autre, en façade sud-ouest, et borde l'intégralité de l'équipement.

VB Une part importante de notre travail consiste à hiérarchiser les espaces. Cela se traduit par une forme de stratification de cette idée d'intériorité en diversifiant les séquences, les espaces, par des écartements différenciés, mais aussi des hauteurs sous plafond très variées, afin de qualifier chaque espace – qu'il s'agisse d'un lieu de passage ou au contraire d'une situation où s'installer comme dans le hall pour prendre des informations ou retirer ses billets.

Vous expliquez que le théâtre est tourné vers la ville, mais il faut longer une longue rampe avant d'accéder à son entrée principale, certes axée sur la composition de l'esplanade plantée et de l'escalier qui rattrape le dénivelé entre la rue Dumotel et le hall du théâtre.

GLN Compte tenu de l'organisation en volume des deux salles – sans réelle marge de manœuvre – il apparaissait normal de situer l'accueil-billetterie entre ces deux éléments principaux, à la fois pour des questions de distance à parcourir pour le public, mais aussi pour les contrôles que l'équipe doit effectuer. D'autres auraient mis l'entrée dans l'angle sur rue. Nous avons opté pour une continuité entre le parcours extérieur, le long de la façade, et découvert au fur et à mesure des espaces par transparence, puis par des trajectoires intérieures qui participent de cette promenade. Le foyer du théâtre se parcourt comme un passage intérieur diagonal reliant le parvis à l'angle de la rue Georgeon et de celle du Parc de Cachan.

GC C'est la raison pour laquelle nous avons établi cette ligne oblique entre le vitrage et la façade opaque, afin d'accompagner cette découverte du lieu, ce « lever de rideau ».

Ce protocole spatial permet la découverte des espaces attenants, les foyers, la cafétéria, l'espace d'exposition. Comment avez-vous interprété les données du programme pour ces composantes?

GLN Tous ces éléments étaient dans le programme, mais avec des surfaces moindres. Même si la parcelle était étroite, entre la rue du Parc de Cachan et le parvis réaménagé par la paysagiste Emma Blanc, nous avons poussé les limites de l'édifice jusqu'à celles de la parcelle, à la frontière de ce qui était autorisé par le plan local d'urbanisme. Cette emprise au sol maximale nous a permis d'offrir au public – et à l'équipe du théâtre – un foyer le plus vaste possible. Ce volume n'était pas demandé comme tel dans le programme, mais il nous est apparu intéressant de le proposer. Et nous pensons qu'à l'usage, il est apprécié pour ses dimensions, ses proportions et son potentiel.

VB Le foyer est un espace intéressant, qui joue d'élargissements et de compressions spatiales. La séquence entre l'entrée et la billetterie en double hauteur jusqu'à la salle d'exposition est un enchaînement de situations spatiales très diverses. Nous avons beaucoup travaillé la notion de cadrage, de relations entre intérieur et extérieur, et vice versa.

GLN C'est aussi un projet de « coupes », d'une part pour régler les pentes et inclinaisons des salles, d'autre part pour ajuster les différents niveaux existants et recréer des masses creusées avec des jeux de hauteur variable.

Était-ce la première fois que vous construisiez un théâtre?

GLN C'est en effet notre première réalisation de théâtre, au sens de lieu dédié au spectacle vivant. Mais nous avions auparavant déjà livré un centre culturel à Nevers qui intègre une *black box* de taille similaire à la salle Claude Charasse

« Nous avons établi cette ligne oblique entre le vitrage et la façade opaque, afin d'accompagner cette découverte du lieu, ce "lever de rideau". »

du théâtre Jacques Carat. Il s'agissait déjà d'une collaboration avec dUCKS scéno [cf. p. 129] qui est associé pour la salle modulable cachannaise. La salle nivernaise est davantage dédiée à des événements de quartier, du concert de rock au tournoi de bridge. Comme pour la salle modulable de Cachan, elle comporte des gradins rétractables.

GC Nous avions aussi réalisé une esquisse pour un centre d'art à Bayssan avec une salle de jauge inférieure mais toujours contenue dans un parallélépipède rectangle.

VB Il y a eu d'autres expériences dans le cadre de concours internationaux pour lesquels nous avons été mentionnés. Quoi qu'il en soit, les questions de gradins rétractables et de multiconfiguration scénique étaient des sujets que nous avions déjà étudiés.

GC De fait, les notions de technique et d'acoustique ne nous étaient pas inconnues. À Cachan, il s'agit d'un théâtre avec une programmation très diversifiée (théâtre, danse, musique, cirque, etc.) Avec dUCKS scéno, nous étions prêts à relever le défi, même si nous ne réalisions pas la grande salle.

MÉTHODE DE TRAVAIL

Dès lors, comment avez-vous procédé pour ce projet de théâtre à Cachan?

GLN Nous opérons, comme dans chacun de nos projets, avec des séances de brainstorming.

VB Nous nous réunissons tous les quatre, Guillaume, Gaël, notre collaborateur et moi-même, pour évoquer les multiples scénarios. Ensuite, l'un de nous gère le dossier en équipe avec nos collaborateurs à l'agence.

GLN En phase de recherche, nous pouvons travailler jusqu'à épuisement des possibles, par le biais de nombreuses maquettes, très différentes les unes des autres : sur la forme générale, architecturale et urbaine, sur les aménagements intérieurs, ou encore sur les matières et textures. Alors des choix, des

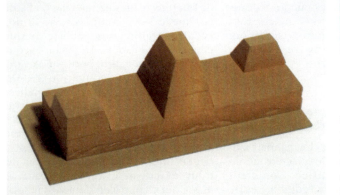

Recherches morphologiques, stade concours

orientations, des décisions adviennent. Le concours est souvent un moment propice au partage, à la discussion et à la production. C'est là qu'on obtient les meilleures réponses aux questions posées. Guillaume réalise des croquis quand Vincent fait des maquettes, par exemple, à chacun son outil d'expression et de résolution spatiale.

GC Ce n'est pas une méthode *a priori*, mais une habitude de discuter ensemble et de chercher à travers divers médias des figures et un projet sur lequel nous nous accordons ensemble.

Existe-t-il une répartition des rôles entre vous comme c'est souvent le cas dans les agences d'architecture?

GC D'une certaine manière, mais ce n'est pas une règle absolue. Gaël et moi, nous nous concentrons plutôt sur les phases études et Vincent sur le chantier, la mise en œuvre. Mais en cas de concours, nous portons tous ensemble un regard sur le programme et le site. Nous nous écoutons beaucoup et nous n'hésitons pas à tout remettre à plat si l'un ou l'autre a un argument imparable. Il n'y a pas de hiérarchie.

GLN Le but est toujours de trouver la meilleure réponse dans l'alchimie site-programme-intention.

GC Chaque idée qui émane de nos échanges donne lieu à un dessin, à une maquette, pour tester sa justesse et sa pertinence.

VB Et si l'un d'entre nous est plus à l'aise avec un programme en particulier, il est possible qu'il y passe plus de temps que les autres. Mais la notion de partage est essentielle dans notre trio. Permettre ces dynamiques croisées, c'est ce qui rend le métier intéressant. Elles se nourrissent mutuellement. Cela relève de notre pratique du « travailler-ensemble », que nous traduisons dans nos projets par le « vivre-ensemble », que ce soit pour un projet de logements, avec les espaces en commun parfois partagés, ou ici dans un théâtre, celui de Cachan, avec ses foyers que nous avons envisagés comme particulièrement généreux.

RELATIONS ENTRE MAÎTRES D'OUVRAGE, D'ŒUVRE ET D'USAGE

Dans un projet architectural, la relation entre l'architecte, maître de l'œuvre, et le client, la maîtrise d'ouvrage, est essentielle à la qualité de la réalisation. Quelle a été cette relation?

GLN L'organisation a été assez complexe. Elle dépasse le microcosme de l'agence, car notre maîtrise d'ouvrage était polymorphe. Dans les faits, les décisions étaient prises par la communauté d'agglomération qui finançait l'essentiel du projet. C'était le décideur réel. Mais le maire [Jean-Yves Le Bouillonnec,

jusqu'en 2018, NDLR], a été un acteur de premier plan. Il a donné de nombreuses directions au projet, sans doute du fait de son lien avec l'ancien maire Jacques Carat, dont le nom a été donné au théâtre. Ensuite il y a eu des allers-retours avec des interlocuteurs désignés et c'était à nous de faire la jonction, ce qui a nécessité une grande capacité d'adaptation et d'écoute. Chaque approche est singulière, en fonction des interlocuteurs que l'on a en face de soi. Pour ce projet, c'était plus compliqué que d'habitude.

Qu'en a-t-il été de la relation avec les futurs usagers du théâtre?

GLN Nous avons répondu à un concours, ce qui n'implique pas de rencontre avec les usagers en amont du projet. À nous de faire l'expertise des besoins, en prenant appui sur le programme, en dépassant les attentes, en soulignant d'autres dimensions, en formulant de nouvelles propositions. Alors certes, nos options, nos choix auraient pu ne pas satisfaire tout le monde. Sans parler du nœud économique du projet qui induit des priorités et de déshabiller parfois le projet de composantes – ce qui a finalement peu été le cas ici.

Le projet a-t-il beaucoup évolué entre le concours et la réalisation?

GLN Assez peu, à l'exception du sous-sol, qui a été un enjeu puisqu'avec les loges, les espaces créés dans le soubassement ont permis d'accueillir les salles d'activités connexes au théâtre – espaces de répétition ou dédiés à d'autres types de représentation ne nécessitant pas l'utilisation d'une des deux salles du théâtre.

GC Une fois désignés lauréats du concours, c'est dans les échanges que les choses peuvent évoluer. Le dialogue avec nos interlocuteurs, maîtres d'ouvrage ou usagers, offre l'occasion de préciser des points. L'équipe du théâtre avait compris l'essentiel de notre proposition et nous a accompagnés pour en garder l'esprit.

MATIÈRE TEXTURE

Comment envisagiez-vous l'expression matérielle en façade?

VB À Cachan, la brique prédomine. Il suffit de voir l'hôtel de ville, magnifique avec son beffroi, mais aussi les différentes opérations attenantes, comme celle du cœur de ville réalisée par Louis Arretche qui regarde la parcelle du théâtre. C'est aussi un matériau que l'on retrouve dans la première couronne de Paris alors que la capitale est plutôt bâtie en pierre. Il ne s'agissait pas de reprendre directement ce motif, mais plus particulièrement de réaliser une forme de tressage, un peu comme de l'osier. La résille qui a été mise en œuvre est apparue dès les premiers dessins et les premières esquisses que nous avons ébauchés.

GLN Peu de choses ont changé entre l'image du concours et la réalité bâtie, bien que nous ayons dû faire plusieurs essais et tests pour atteindre l'effet recherché. Au final, nous présentons le projet le plus homogène dans l'expression de ses façades. Nous cherchions un rapport entre la dimension de l'édifice et le module, pour briser l'effet monumental de la masse à construire. En même temps, nous tentions d'exprimer une forme de légèreté, par le décollement de cette masse du sol, ce soulèvement; enfin nous voulions un matériau qui évoque l'idée de pérennité, de durabilité.

À quelle stade la matérialité a-t-elle été trouvée?

GC Très tôt. Pendant le concours, nous avons réalisé plusieurs modélisations pour trouver les bonnes proportions des modules et simuler le rendu de cette maille. Nous sommes parvenus à un élément de base deux fois plus grand qu'une brique traditionnelle. L'entreprise nous a fait des propositions telles que la pierre ignifugée (protégée contre l'incendie) avec un poids installé de 150 kg/m^2. La technique de montage étudiée permettait une mise en œuvre rapide des pièces. Pour ce faire, le bâtiment et tous les modules des façades ont été intégralement modélisés, ce qui nous a permis de contrôler la géométrie de l'ensemble.

VB Une précision: chaque module apparent n'est pas assemblé aux autres, c'est une série de plusieurs modules préfabriqués puis accrochés à la paroi en béton. Ce qui a impliqué de nombreux détails à dessiner, comme pour les pièces d'angle ou de rive haute ou basse, avec des pièces à angle droit ou en biseau.

GLN Le relief des façades accroche la lumière en faisant ressortir la matière. Cette modénature a permis d'intégrer et de dissimuler les sorties de secours, les ventilations, les ouvrants pompier ou de désenfumage.

Alors ce ne sont pas des briques, mais il ne s'agit pas non plus de terre cuite?

VB Ces modules sont proches du béton. Plus exactement, il s'agit de poudre de

Prototype de module de façade en « béton pierre »

pierre – un matériau minéral – mélangée avec des agrégats et coulée dans des moules réalisés spécialement pour cet édifice. En tout, on compte plus de mille éléments ici. Comme je l'indiquais, il y a des pièces spécifiques puisque les angles du théâtre sont tous différents. Les modules sont accrochés à la façade comme de la pierre agrafée.

GC L'approche conceptuelle est numérique, avec des modélisations réalisées sur ordinateur, mais ces éléments ont été fabriqués par une entreprise familiale installée au Portugal, près de Porto. Cela nous a permis d'aller plus loin que si l'on avait travaillé avec une major du bâtiment et travaux publics (BTP). C'est dans l'échange avec cette petite entreprise que nous avons pu faire évoluer les éléments ainsi que leurs principes à la fois d'assemblage et d'accrochage. Finalement, nous avons suivi une approche artisanale, ce qui a là aussi apporté une singularité au projet: la dimension humaine.

C'est donc de la pierre reconstituée, mais comment avez-vous défini le grain, la texture, la teinte?

GLN Nous avons élaboré de nombreux échantillons, environ une trentaine, et plusieurs prototypes à l'échelle 1:1 ont été réalisés. Ils étaient exposés dans la cour de notre ancienne agence, en plein air et soumis à la pluie, nous permettant de mesurer leur pérennité. Pour la tonalité, nous voulions quelque chose de clair, de chaud mais qui ne soit pas blanc, car trop lumineux. Certains pourraient penser que nous avons emprunté au contexte cachannais. Mais ce bâtiment étant autonome, il n'était pas question de mimer ou de copier ce qui était déjà là.

GC Regardez le projet d'Arretche qui est en face du théâtre: sa tonalité est plus marquée. L'idée qui prévalait était d'assembler une texture proche de la pierre ou du travertin, matériau traditionnel et pérenne, mais dans une interprétation contemporaine.

VB Concernant l'évolution du matériau dans le temps, précisons que la forme et l'assemblage peuvent engendrer des différences de teintes. Les reliefs et les creux ainsi composés permettent d'absorber les éventuelles marques du temps. Toutefois, chaque module présente une légère pente pour que les eaux de pluie ruissellent vers l'extérieur. Cela fait plus de deux ans que ces façades ont été livrées et pour l'instant, rien n'est venu altérer leur aspect.

MONUMENTALITÉ

Les passants et les Cachannais soulignent souvent le caractère monumental de l'édifice. Comment avez-vous trouvé l'équilibre entre le programme et son expression architecturale?

GLN La monumentalité, si elle est perçue en tant que telle, est pleinement assumée. Nous offrons un espace intérieur qui peut intégrer de nombreuses possibilités d'appropriation – cet espace « plus », supplémentaire, dont nous parlions au début. Il n'était pas question pour nous de dessiner un édifice qui soit l'expression d'une certaine obsolescence dans ses usages, mais au contraire de proposer une flexibilité, un champ des possibles. Finalement, entre la pérennité exprimée par la façade et la flexibilité proposée à l'intérieur, il existe un certain contraste, que nous avions envie de développer.

GC La monumentalité était notre choix, mais évidemment nous laissons cela à la libre interprétation des usagers, des visiteurs, et des spectateurs.

VB Le programme existe par essence. Il y a la grande salle existante et la *black box*, la petite salle modulable, que nous devions lui adjoindre, avec tous les espaces connexes. Ces éléments programmatiques – les salles de spectacle – sont très monolithiques, très peu ouvertes pour ne pas dire aveugles afin de pouvoir faire le noir à l'intérieur et atteindre l'intensité théâtrale recherchée. Notre travail a consisté à organiser cette masse opaque et à lui donner un caractère attractif pour le public et les passants. L'opacité en façade est à hauteur de 80 % dans ce projet. Au lieu de réaliser de simples percements, nous avons opté pour une continuité de la texture de façade, ajourée là où il y avait des fenêtres, fabriquant ainsi des claustras, ou moucharrabiehs. C'est à la fois une approche architecturale (spatiale) mais aussi volumétrique et matérielle. Le sémaphore est signifié par la verticale de la cage de scène, la transparence visuelle par le soulèvement de cette enveloppe minérale, permettant au sol de se prolonger entre extérieur et intérieur, et vice versa. Ainsi le passant devient-il visiteur puis spectateur, sans rupture de nature de sol.

Comment cette figure de masse en lévitation est-elle apparue? Vous évoquiez précédemment « un rideau qui se soulève »…

VB Lorsque nous avons esquissé ce projet, nous avions en tête les ouvrages de l'architecte brésilienne Lina Bo Bardi comme le SESC Pompeia à Sao Paulo, l'école d'architecture pauliste de son compatriote Vilanova Artigas ou encore des travaux du maître portugais Alvaro Siza avec ses jeux géométriques et de pliages. Cette lévitation était recherchée. Évidemment l'image du rideau de scène vient immédiatement à l'esprit car elle coïncide avec le programme, mais c'est avant tout une continuité entre extérieur et intérieur qu'il nous importait de trouver. Cette inflexion de la façade, la masse qui vient frôler le sol sans le toucher à l'angle ouest: tout cela participe de cette dialectique.

« Sous l'angle technique,
c'est en réalité la salle existante,
avec ses murs périphériques
confortés, qui soutient
ce manteau suspendu. »

GC D'un point de vue technique, c'est en réalité la salle existante, avec ses murs périphériques confortés, qui soutient ce manteau suspendu. Elle est le support de toute l'organisation spatiale mais aussi de la structure de l'ensemble. Ces composantes essentielles du programme jouent un rôle structurant dans la mise en œuvre de cette architecture. Et d'un point de vue métaphorique, cela nous semblait intéressant. Ainsi leur enveloppe intérieure est-elle déjà perceptible depuis le parvis, le jardin et la rue.

GLN Ces efforts structurels ne sont pas du tout montrés ni exhibés. Tout tient dans l'invisibilité du dispositif. Il y a quelque chose qui lévite mais le visiteur ne sait pas pourquoi. Un léger trouble peut exister, une impression, une sensation. Un peu comme par magie. Comme au théâtre. C'est aussi une invitation à entrer dans le théâtre et cela permet de moduler la lumière en fonction des espaces.

VB Bien sûr, l'effet de ce rideau se soulevant est symbolique, presque littéral, mais il s'ouvre sur le contexte, très hétérogène, fabriquant des regards, des dialogues, ou encore faisant le dos rond, selon que l'on se trouve du côté parvis planté, ou du côté arrière technique ou latéral avec le stade.

STRUCTURE

Pouvez-vous nous expliquer comment tient l'ensemble?

VB Cet état d'équilibre, des architectes ou des ingénieurs en saisiraient la nature, ou du moins en chercheraient la nature. Ce n'est pas forcément le cas du public qui expérimente l'espace. Il le traverse, se l'approprie sans nécessairement chercher à comprendre comment il est fait. Il traverse l'espace et ne se rend pas compte de ce qui est en jeu. D'autant que, comme le disait Gaël, notre intention n'est pas de le rendre ostentatoire. En fait, il s'agit de ce que l'on appelle des murs drapeaux, c'est-à-dire des poutres de grande hauteur qui relient les murs porteurs intérieurs à une enveloppe suspendue, en porte-à-faux. Les efforts de reprise de la façade sont entièrement ramenés vers le centre de l'édifice. Le report de charges se fait successivement depuis les voiles de façade vers les refends intérieurs et enfin vers le noyau central du bloc sanitaire.

Cette mise en œuvre est la résultante d'une collaboration avec notre ingénieur Pierre-Olivier Cayla de Batiserf avec qui nous avons élaboré plusieurs scénarios avant d'aboutir à cette figure. L'objectif était de ne pas avoir de point porteur visible. Ce sont les volumes intérieurs - salle, sanitaires, etc. - qui supportent les murs périphériques.

GC En dehors du béton perceptible dans la face intérieure du voile périphérique, les matériaux appliqués à l'intérieur sur les volumes qui portent affirment leur statut de revêtement, comme les miroirs ou les panneaux de bouleau qui parent le hall et les foyers.

GLN Dans le hall, au-dessus de la banque d'accueil, des panneaux de polycarbonate ont été assemblés pour suggérer que quelque chose se déroule derrière. La matière laisse apparaître comme des ombres chinoises, ne dévoilant pas tout du mystère. En plafond des espaces du foyer, nous avons déployé une résille métallique en rappel du gril technique de la scène. Tout le projet réside dans la manière d'exprimer, de révéler et de dévoiler les différentes matières du lieu.

Mais alors pourquoi le choix du béton alors que vous auriez pu faire le même ouvrage en acier avec des panneaux de plâtre?

GC Le choix du béton brut - même s'il y a beaucoup d'acier à l'intérieur, puisque l'armature est conséquente - permet d'exprimer cette idée de masse en lévitation. De plus, il est beaucoup plus intéressant acoustiquement parlant, que ce soit pour s'isoler des bruits extérieurs - nous sommes à proximité de voies passantes - ou pour la résonance intérieure. En développant un espace en double voire triple hauteur dans le foyer, nous réalisons une chambre particulière, avec une acoustique manifestement appréciée.

VB Notre intention était de permettre au public de percevoir l'espace autrement, de dépasser le seul sens de la vue, en sollicitant l'ouïe et le toucher, par exemple.

GC Le béton est un matériau avec lequel nous travaillons beaucoup. Il appelle des dispositifs constructifs que nous mettons en valeur la plupart du temps.

SALLE MODULABLE

Dans ce théâtre, vous avez composé à partir de la salle existante, à laquelle une seconde salle est adjointe. Pourriez-vous nous indiquer les caractéristiques de cette salle dite « modulable »?

GLN C'est avant tout une conception d'équipe entre le scénographe, l'acousticien et nous, les architectes. Un important travail en coupe a été mené afin de trouver les justes proportions, disposer les gradins, établir la courbe de visibilité, la régie en hauteur, ainsi que la relation, la continuité dont nous parlions avec les foyers haut et bas, tous deux accessibles aux personnes à mobilité réduite.

VB Le process est très détaillé dans le programme, avec les règles à suivre, aussi bien acoustiques que visuelles, scénographiques, etc. Et ce sont les allers et retours avec nos partenaires qui nous ont permis de dessiner cette salle modulable ou *black box*.

« Nous avons dessiné une salle un peu plus grande que celle demandée, avec des accès latéraux qui longent les tribunes. »

GLN Il était demandé une totale polyvalence dans ce type de salle. La plupart du temps, les gradins restent dépliés, dans une configuration frontale. À Cachan, après une première saison, plusieurs dispositifs ont déjà été expérimentés, comme de dégager intégralement la salle des gradins pour y installer des coussins (cf. *L'histoire de Clara*, p. 49). Visiblement, l'équipe artistique avait vraiment besoin de cette salle, pour pouvoir y programmer des spectacles que la grande salle ne permet pas d'accueillir.

Il y a cette texture particulière sur les parois, comme des ondulations minérales. La plupart du temps, dans un théâtre, l'architecte « signe » son œuvre par une texture, une tonalité ou la combinaison des deux dans la salle, pour mieux la caractériser. Qu'est-ce qui a défini cette texture et à quoi sert-elle ?

GLN Ce sont des voiles de béton dont le motif a été moulé dans des matrices qui ont permis la préfabrication, puis le montage sur place. La matière minérale est intéressante du point de vue de sa réverbération, mais aussi de sa masse pour isoler phoniquement l'espace. C'est une boîte dans la boîte, avec des murs périphériques pour la structure, un vide et des parois intérieures dont le motif joue un rôle acoustique. Et les ondulations ont été pensées avec l'acousticien tant pour leur aspect esthétique que pour leur capacité à absorber ou renvoyer les sons.

GC En outre, le béton étant très résistant, il pérennise de ce fait la salle au regard des activités très diverses qu'elle peut recevoir.

VB Sur la question de la « signature », pour nous, il n'était pas question d'apposer un quelconque sceau, mais plutôt de concrétiser un espace qui soit le réceptacle d'expériences scéniques ainsi que le support de créations spécifiques. La seule signature spatiale que l'on pourrait identifier serait le calepinage aux éclairages fluorescents, suivant un rythme particulier, mais peu de gens lèvent les yeux pour regarder ces détails qui n'intéressent peut-être que les architectes.

GLN Précisons aussi, à propos du programme, que nous avons dessiné une salle un peu plus grande que celle demandée, avec des accès latéraux qui longent les tribunes. Cela permet de tourner autour de manière confortable et

d'installer des coulisses sur tout le pourtour, ce qui est souvent très apprécié par les artistes.

En somme, comment définiriez-vous votre approche pour ce projet ?

VB C'est tout le travail sur les interstices qui caractérise peut-être la spécificité de notre approche, entre salle et gradins, salle et scène, salle et foyers, etc.

GLN Et la fluidité recherchée entre cour et jardin, ainsi que les possibilités de faire spectacle dans tous les entre-deux : du hall aux foyers en passant par l'espace d'exposition, jusque dans les loges en niveau inférieur, dans le foyer haut, ou encore sur le parvis.

DÉLAIS DE CHANTIER ET INAUGURATION

Concrètement, le chantier a pris plus de temps qu'annoncé, ce qui a imposé un programme hors les murs plus conséquent que prévu. Comment expliquez-vous ce retard ?

GLN Le projet s'inscrit dans un délai plus long que sa réalisation et il faut se projeter au-delà du temps de chantier. Plusieurs générations vont venir voir des spectacles dans le lieu. Pour parfaire la réalisation, mieux vaut prolonger le chantier plutôt que resserrer un calendrier susceptible d'engendrer des malfaçons. Il y a bien évidemment une réalité économique inhérente au projet, des impondérables mais aussi des imprévus. Les interlocuteurs ont changé, des passages de témoins ont eu lieu.

GC Ensuite certaines entreprises peuvent être défaillantes car soumises à un marché très dur. Ici, il y a eu la prise en compte de la nappe phréatique qui est très haute, ainsi que la découverte d'amiante dans le théâtre existant, appelant un conditionnement particulier qui a ralenti l'avancement du chantier.

VB Il faut considérer que plus que d'un bâtiment, il s'agit d'un prototype. Chaque projet architectural est unique et nous impose sans cesse de réinventer des dispositifs techniques, de nous adapter à un contexte, à un programme, à un budget. Souvent, les plannings de chantier sont difficiles à respecter parce que chaque cas est différent.

GLN Nous ne sommes pas dans une chaîne de construction industrielle

comme c'est le cas pour des voitures, par exemple. Et même si nous nous sommes habitués à ces situations spécifiques, nos interlocuteurs sont souvent déstabilisés par les nécessités d'adaptation aux étapes du chantier. Évidemment, la plupart de nos réalisations respectent les délais impartis, certaines sont même terminées avant l'échéance. Ici, les aléas ont décalé la date d'ouverture.

Inauguré à la rentrée 2017-18, il y a un an, le théâtre Jacques Carat a bouclé une première saison bien remplie. Le parvis-jardin réalisé par la paysagiste Emma Blanc a été terminé à la fin du printemps 2018. Comment, après ce long processus de conception et de réalisation, entrevoyez-vous cet outil que vous avez mis en œuvre ?

GLN Nous voyons évoluer le lieu. L'équipe se l'est approprié à sa manière – pas forcément comme nous l'avions imaginé, c'est désormais sa « maison ». Nous venons voir des spectacles et captons avec attention les réactions du public, tant sur les spectacles que sur l'édifice que nous leur avons dessiné. C'est passionnant de voir ce théâtre vivre, palpiter, résonner.

GC Les images qui m'ont marqué, ce sont par exemple les gamins qui courent dans le foyer à midi ; la manière dont chacun investit les espaces.

GLN Il y a des expériences étonnantes comme celle de disposer des coussins dans la salle modulable pour un spectacle au casque. Je n'avais jamais vu ça.

VB Il est rare pour un architecte de pouvoir saisir ces instants. Par exemple, dans une opération de logements, l'architecte n'a pas toujours l'occasion de revenir voir comment les habitants ont aménagé les espaces. Nous sommes curieux de voir les créations qui peuvent surgir dans les espaces du foyer, que nous avons envisagé comme un espace scénique à part entière.

GLN Quoi qu'il en soit, dans ce programme spécifique, il y a un certain attachement à ce que l'on a mis en place et l'envie de prendre la mesure de son potentiel. De concepteurs et bâtisseurs, nous voilà désormais dans la peau d'utilisateurs, un peu particuliers certes, mais en capacité de nous émerveiller au même titre que le public qui vient ici pour vivre une expérience.

« [...] plus que d'un bâtiment, il s'agit d'un prototype. »

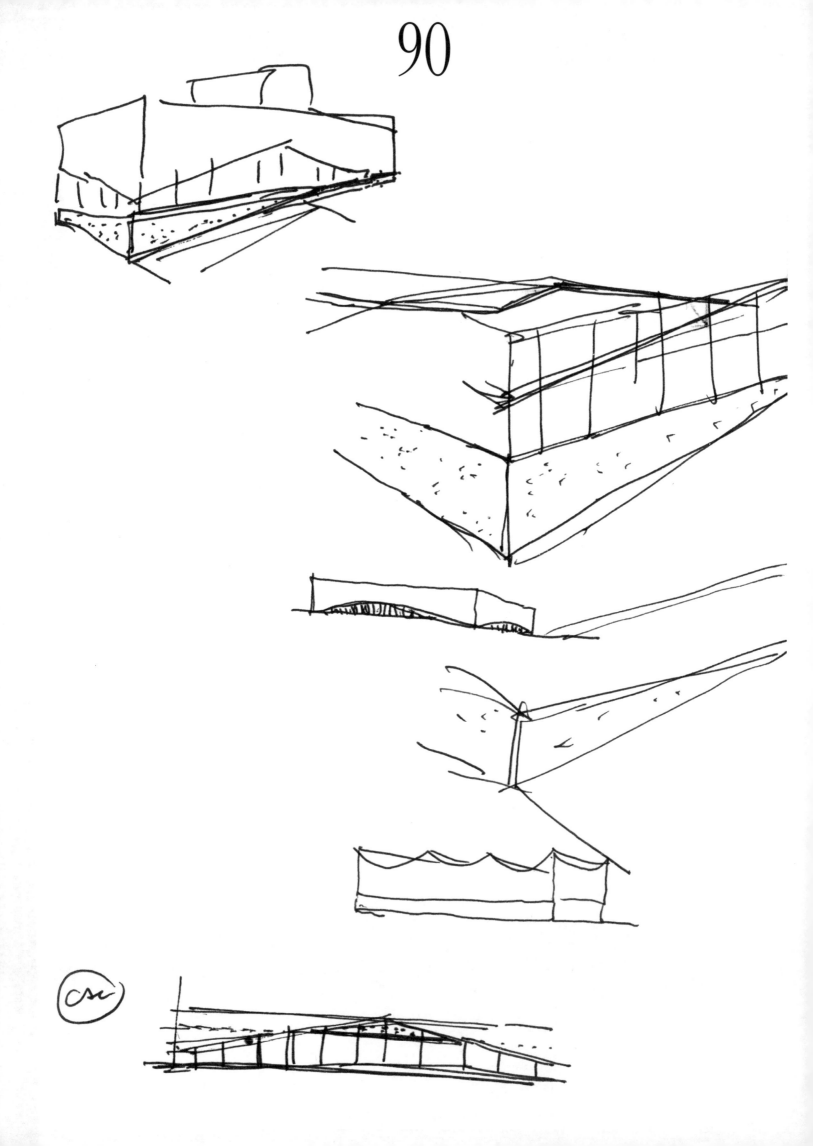

LE THÉÂTRE DE CACHAN PAR Jacques Lucan

Jacques Lucan est architecte, historien et critique d'architecture. Cofondateur de l'école d'architecture de la ville et des territoires à Marne-la-Vallée, il a aussi été professeur à l'école polytechnique fédérale de Lausanne (Suisse). Il est l'auteur de nombreux ouvrages, dont le dernier paru: *Précisions sur un état présent de l'architecture*, publié en 2015 par les presses polytechniques et universitaires romandes. Il offre son regard d'expert sur la composition architecturale du théâtre Jacques Carat.

L'ancien théâtre de Cachan était un bâtiment très hétérogène: autour de la salle de spectacle, des parties diverses s'agglutinaient, qui donnaient l'impression d'avoir été construites au fur et à mesure du temps, ou de s'être raccordées les unes aux autres sans chercher à s'accorder architecturalement. Pour le moins, un collage étrange et sans nul doute involontaire du point de vue de sa composition, un collage qui n'aurait peut-être pas immédiatement évoqué une salle de spectacle s'il n'avait été écrit, au-dessus du volume cylindrique de l'entrée, « Théâtre de Cachan ».

Comment procéder à une suite d'opérations qui consiste en la rénovation de la salle de spectacle conservée (avec sa mise aux normes actuelles), en la création d'une nouvelle salle modulable et des équipements qui l'accompagnent, en l'octroi d'un nouveau confort d'usage, tant pour les protagonistes des spectacles que pour les spectateurs eux-mêmes qui doivent pouvoir trouver ce que tout théâtre contemporain se doit d'offrir: espaces d'accueil, de détente, possibilités d'activités diverses, etc.?

Le projet ne pouvait être qu'une réelle métamorphose du théâtre ancien de Cachan, et cette métamorphose passait par une reconfiguration totale sous la forme d'un nouvel ensemble. Reconfigurer signifiait donc ici donner littéralement une figure à ce qui peut être maintenant appelé le nouveau théâtre de Cachan.

La figure sera un parallélépipède, auquel s'ajoutera seulement le volume nécessaire de la cage de scène. Il s'agit d'une forme unitaire et insécable; elle ne peut en effet être dissociée en plusieurs parties distinctes: aucune ligne de fracture possible n'est visible, ce qui la met aux antipodes du collage involontaire de l'ancien théâtre, et fait du nouveau théâtre une institution de la ville, un de ses monuments publics contemporains. Mais la forme est dotée de subtilités de découpes, qui la font notamment répondre aux sollicitations de son environnement urbain et appartenir ainsi au tissu de la ville.

La base du parallélépipède est un rectangle qui, d'être déformé, en devient singulier. Ce quadrilatère irrégulier ne possède qu'un seul angle droit, celui-ci se situant à l'endroit le plus banal, au bout de la rue du Parc de Cachan, bordée de pavillons d'habitation, là où il n'est pas nécessaire de créer un « événement ».

Avec les trois autres angles, la singularité du quadrilatère s'accorde à la situation urbaine du bâtiment. Deux angles aigus forment les retournements de la longue façade principale d'entrée, l'angle proche de l'avenue Louis Georgeon étant accentué comme pour marquer l'avancée du théâtre vers l'espace urbain et le centre de Cachan. Enfin, un angle obtus ménage la présence d'un bel arbre, en même temps qu'une transition douce de l'avenue Louis Georgeon vers la rue du Parc de Cachan.

Le dispositif géométrique d'ensemble se complète d'une pliure. Elle affecte le plus long côté, façade principale du théâtre. Par sa concavité discrète, elle invite à l'entrée. Elle participe de ce fait au caractère fondamentalement public d'un bâtiment qui se tourne et s'adresse au jardin au-devant de lui, mais un bâtiment qui, depuis l'avenue Louis Georgeon, est approché de biais puis longitudinalement, ce qui tempère sa monumentalité.

La pliure de la longue façade d'entrée au théâtre détermine un parcours dont je dirais qu'il se manifeste dans sa tridimensionnalité. En effet, depuis l'avenue Louis Georgeon, une rampe de faible pente nous emmène à l'endroit du pli en même temps qu'au niveau du podium qui installe horizontalement le parallélépipède. Mais encore, le volume est entaillé sur sa base et la ligne supérieure inclinée de cette entaille accompagne, à un degré plus fort, la pente de la rampe d'accès. Cette concordance ou cette discordance, que l'on appréhende « à la marche », rend ainsi physiquement perceptible la logique architecturale du théâtre. Il est à noter que le fait de situer l'entrée elle-même un peu au-delà du pli de la façade, s'il a des raisons évidemment fonctionnelles, renforce l'effet du parcours extérieur, parcours qui va s'inverser et se poursuivre intérieurement.

Si le hall d'accueil se situe logiquement à l'endroit de l'entrée, entre les deux salles de spectacle, le parcours, en s'inversant, longe intérieurement de nouveau la façade. L'entaille se referme alors dans la progression vers le foyer du théâtre. Celui-ci, à l'endroit de l'angle avec l'avenue Louis Georgeon, déploie verticalement son espace et présente les contrastes les plus forts : à la plus grande hauteur du volume intérieur correspond la proximité la plus grande au sol horizontal du podium. À cet angle encore, le sol du podium est au-dessus du sol de l'avenue Louis Georgeon et de son trottoir, comme pour indiquer une fois encore et subrepticement que l'on a affaire à un bâtiment public.

Toutes les opérations précédemment décrites fabriquent l'unité du bâtiment et, simultanément, la complexité des rapports entre intérieur et extérieur. Toutes les décisions architecturales s'articulent et s'enchaînent sans jamais mettre en cause l'unicité du projet.

Pour une vision lointaine, et de ce fait urbaine, le parallélépipède se traduit par la suspension du plein au-dessus de l'entaille du vide, par le contraste entre le volume de tonalité claire et l'entaille sombre. Pour que la forme soit manifestée comme unitaire et insécable, il faut que le volume de tonalité claire ait un aspect homogène – il lui est octroyé par une enveloppe identique et continue sur ses quatre faces.

Au théâtre de Cachan, l'enveloppe est comme un tissu dont la trame fine est dessinée par le relief créé par ce qui pourrait ressembler à appareillage répétitif de briques, mais qui est mis en œuvre à l'échelle de panneaux préfabriqués dont les joints ne sont pas discernables, sinon pour ceux-là seuls qui voudraient en connaître les raisons constructives. La texture de l'enveloppe et sa modularité ne sont pas sans évoquer analogiquement la géométrie des parois de briques si présentes dans de nombreux bâtiments de Cachan, dont la très belle mairie construite dans les années 1930.

La trame fine du tissu de l'enveloppe a comme une profondeur tactile qui contrebalance l'affirmation du parallélépipède. Elle produit une vibration de la surface qui allège visuellement le poids du volume supérieur et rend sa suspension aérienne. Elle déjoue la pesanteur murale et ne se refuse pas d'avoir des variations subtiles, en particulier lorsqu'elle s'ajoure à l'étage des dégagements des deux salles de spectacle, sans en perdre pour autant sa continuité.

En dernière instance, le théâtre Jacques Carat met en scène une étonnante profondeur de champ, entre l'un de l'installation volumétrique et le multiple des modules répétitifs constitutifs de la texture de l'enveloppe, entre ce qui se perçoit depuis le lointain, dans la distance du regard, et ce qui se perçoit en s'approchant, le regard s'y perdant... comme au théâtre.

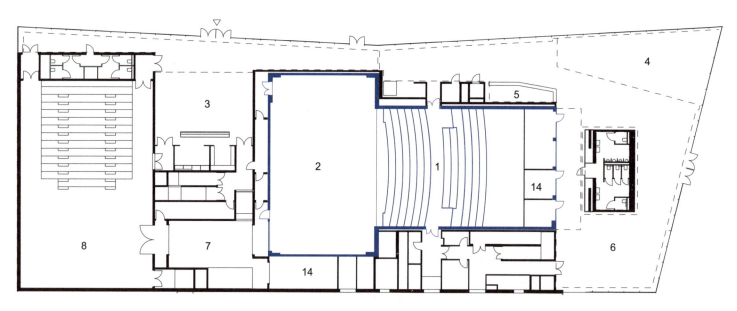

RDC

1 Salle Michel Bouquet
2 Plateau Michel Bouquet
3 Hall d'accueil
4 Foyer bas
5 Cafétéria
6 Espace d'exposition
7 Aire de service
8 Salle Claude Charasse
9 Foyer haut
10 Administration
11 Salle de répétition
12 Foyer des artistes
13 Loges
14 Stockages - réserves
15 Salles d'activités
16 Locaux techniques
17 Logement de fonction
18 Régie salle Claude Charasse
19 Régie salle Michel Bouquet

0   5   15   30

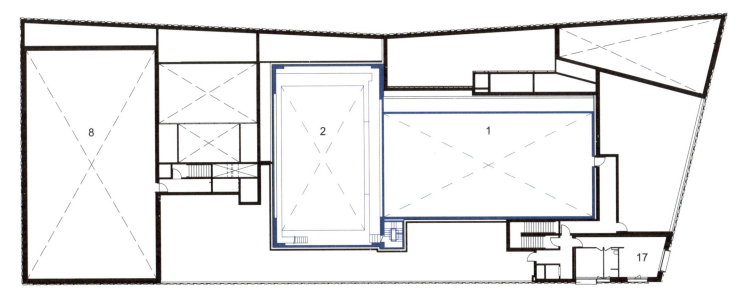

R+2

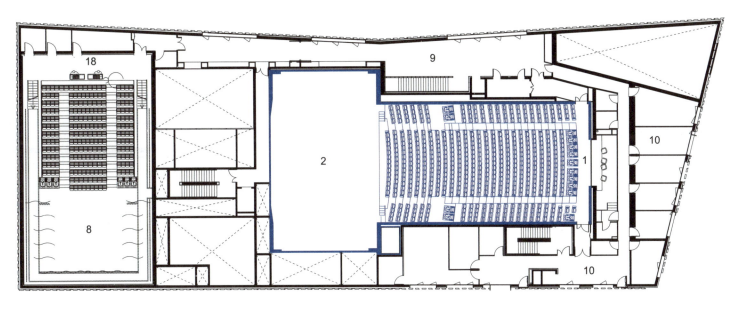

R+1

R-1

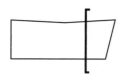

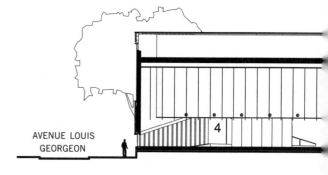

AVENUE LOUIS
GEORGEON

4

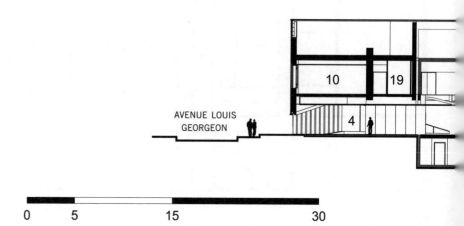

AVENUE LOUIS
GEORGEON

10   19

4

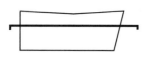

```
0       5           15                      30
```

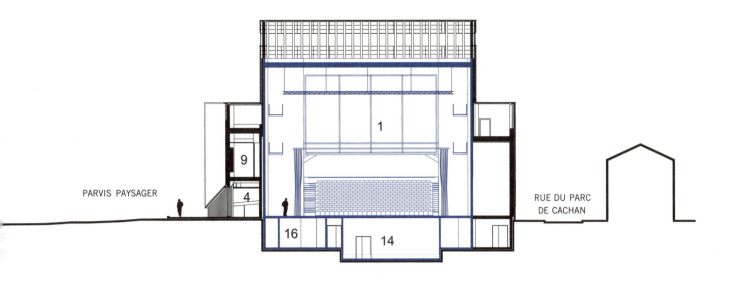

PARVIS PAYSAGER

1

9

4

16   14

RUE DU PARC
DE CACHAN

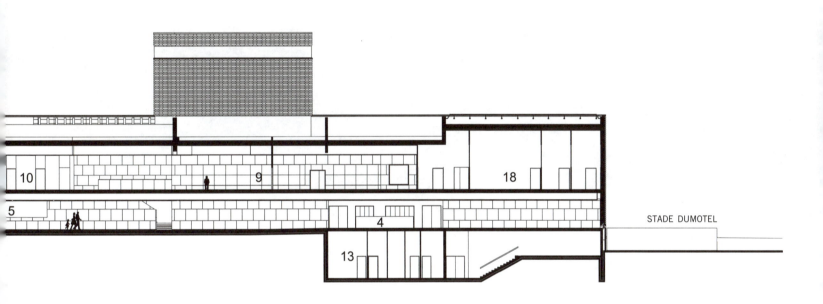

10

9

18

5

4

13

STADE DUMOTEL

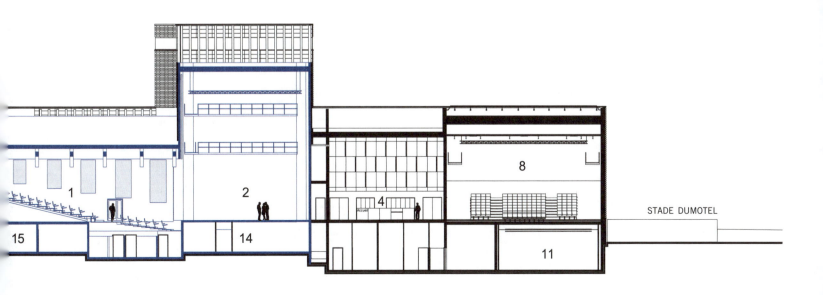

1

2

8

4

15   14   11

STADE DUMOTEL

❶ Maquettes du concours: recherches morphologiques (divers matériaux), 1/500 ❷ Études d'un panneau de façade (mousse florale), 1/5 ❸ Essais maquette – recherche de masse (lamellé collé), 1/200 ❹ Insertion urbaine (mousse et carton), 1/500 ❺ Maquette de la volumétrie générale – masse soulevée (contre-plaqué bouleau), 1/200 ❻ Travaux de rythmes, motifs et reliefs de façade en phase esquisse, 1/50 ❼ Organisation programmatique en volumes, tests avec différentes essences de bois, 1/200 ❽ Assemblages de panneaux de façade en pierre – simulation des moucharabiehs en phase d'avant-projet sommaire, 1/50 ❾ Test des percements, ouvertures et moucharabiehs sur la façade est, 1/200 ❿ Maquettes des espaces et matérialités intérieurs en phase d'avant-projet détaillé, 1/100

Les ateliers jeunesse

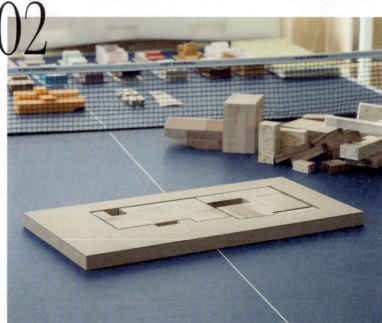

Les sous-sols avec les locaux de stockage, la salle de répétition et les loges

Circulations publiques verticales de la salle côté cour

Circulations publiques verticales de la salle côté jardin

La cafétéria, la salle d'exposition et l'administration

Accès à l'administration

Mode d'emploi – puzzle 3D

La salle existante Michel Bouquet et sa cage de scène

La nouvelle salle Claude Charasse

Circulations techniques verticales entre les salles

L'arrière-scène

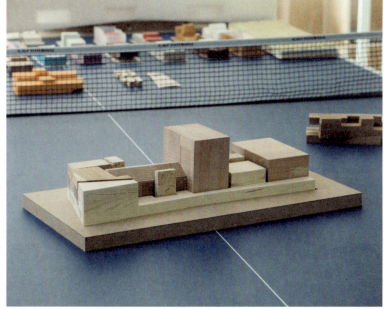

Foyer bas

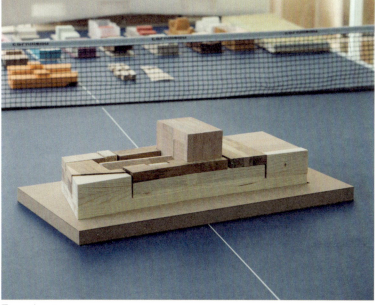

Foyer haut

Titre	Date Début Attendue	Fin Attendue	Durée Attendue	Q4/12	Q1/2012	Q2/2012	Q3/2012	Q4/2012	Q1/2013
THEATRE CACHAN	20/02/12	01/09/15	184,2 semaines	20/02/12					
APS	20/02/12	25/05/12	14 semaines		20/02/12				
ETUDES MOE	20/02/12	27/04/12	10 semaines		20/02/12 — 10 semaines — ETUDES MOE				
VALIDATION MO	30/04/12	25/05/12	4 semaines		30/04/12 → 4sem VALIDATION MO				
APD	25/06/12	18/01/13	30 semaines			25/06/12			
ETUDES MOE	25/06/12	09/11/12	20 semaines			25/06/12 — 20 semaines — ETUDES MOE			
VALIDATION MO	12/11/12	18/01/13	10 semaines					12/11/12 — 10 semaines VALIDATION	
PERMIS DE CONSTRUIRE	06/08/12	18/01/13	24 semaines				06/08/12 → 24 semaines	PERMIS DE CO	
PRO	01/02/13	19/04/13	11,2 semaines					01/02/13	
ETUDES MOE	01/02/13	29/03/13	8,2 semaines					01/02/13	8,2 semaines
VALIDATION MO	01/04/13	19/04/13	3 semaines						01/04/13
DCE	22/04/13	14/06/13	8 semaines						22/04/13
ETUDES MOE	22/04/13	07/06/13	7 semaines						22/04/13
VALIDATION MO	10/06/13	14/06/13	1 semaine						
APPEL D'OFFRES	17/06/13	09/08/13	8 semaines						
ACT	12/08/13	06/09/13	4 semaines						
CAO attribution	06/09/13	06/09/13	0 semaines						
DESIGNATION ENTREPRISES	09/09/13	18/10/13	6 semaines						
DESAMIANTAGE	21/10/13	13/12/13	8 semaines						
EXE	21/10/13	04/04/14	24 semaines						
DET 17 mois	16/12/13	29/05/15	76 semaines						
PREPARATION CHANTIER	16/12/13	10/01/14	4 semaines						
DEMOLITION	13/01/14	14/03/14	9 semaines						
CLOTS COUVERTS	10/03/14	14/11/14	36 semaines						
LOTS TECHNIQUES	19/05/14	26/12/14	32 semaines						
SECOND OEUVRE	28/07/14	06/03/15	32 semaines						
EQUIPEMENTS SCENOGRAPHIQUES	16/02/15	29/05/15	15 semaines						
AOR	01/06/15	26/06/15	4 semaines						
LIVRAISON	26/06/15	26/06/15	0 semaines						
EMMENAGEMENT THEATRE	29/06/15	21/08/15	8 semaines						
OUVERTURE PUBLIQUE	01/09/15	01/09/15	0 semaines						

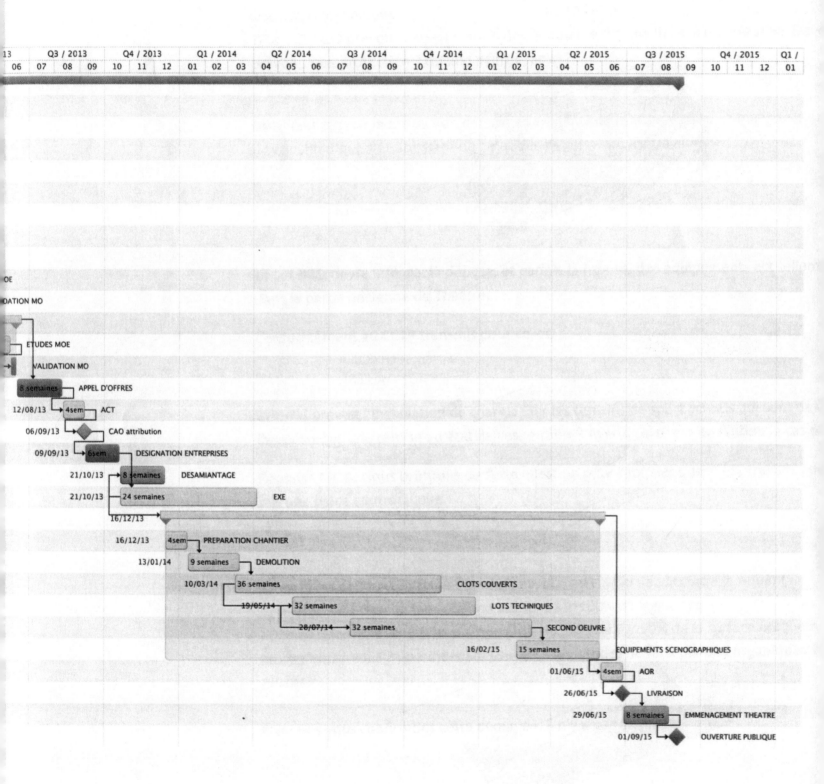

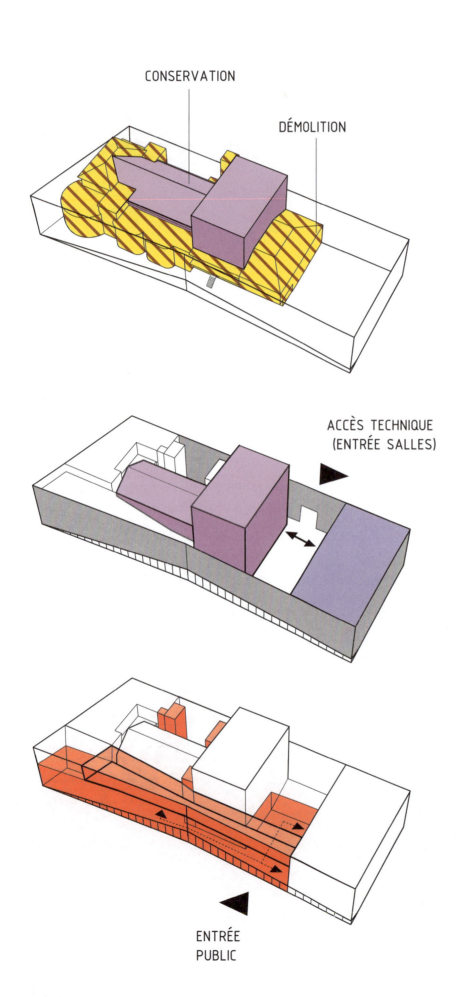

CONSERVATION

DÉMOLITION

ACCÈS TECHNIQUE
(ENTRÉE SALLES)

ENTRÉE
PUBLIC

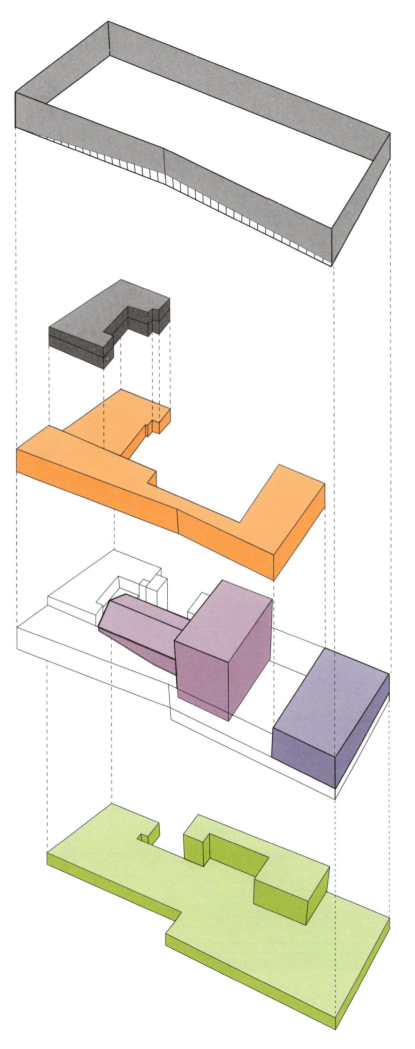

ENVELOPPE

ADMINISTRATIF

FOYER +
EXPOSITION +
CAFÉTÉRIA

SALLES

PÔLE
SCÉNIQUE +
TECHNIQUE

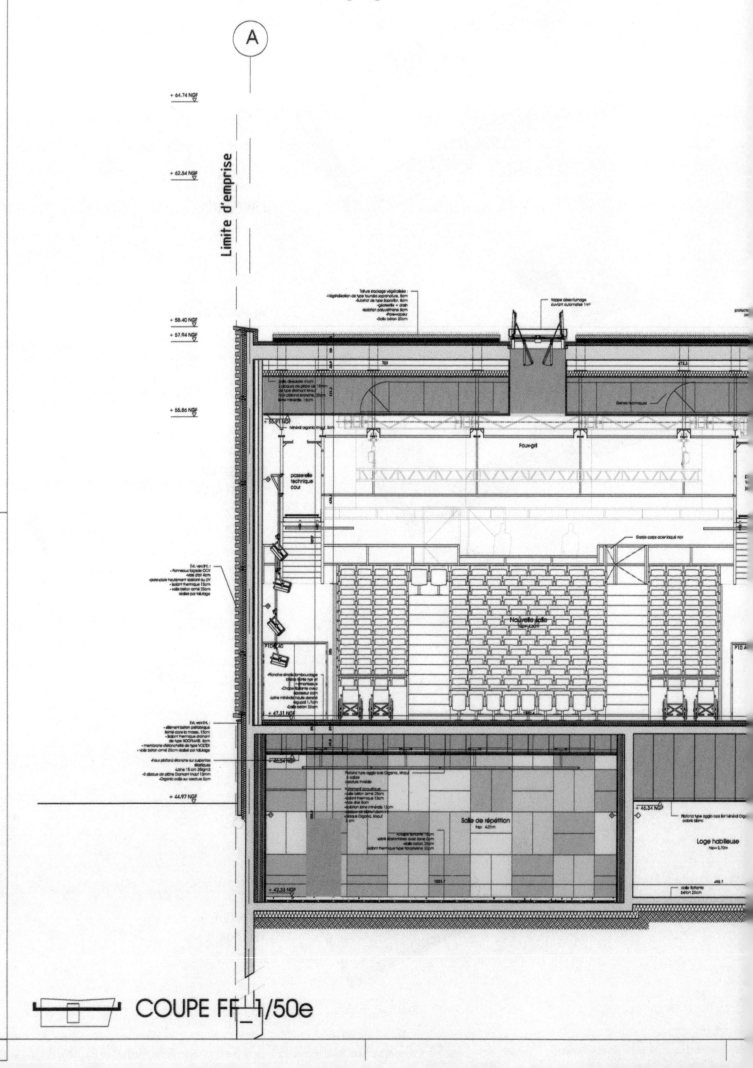

COUPE FF_1/50e

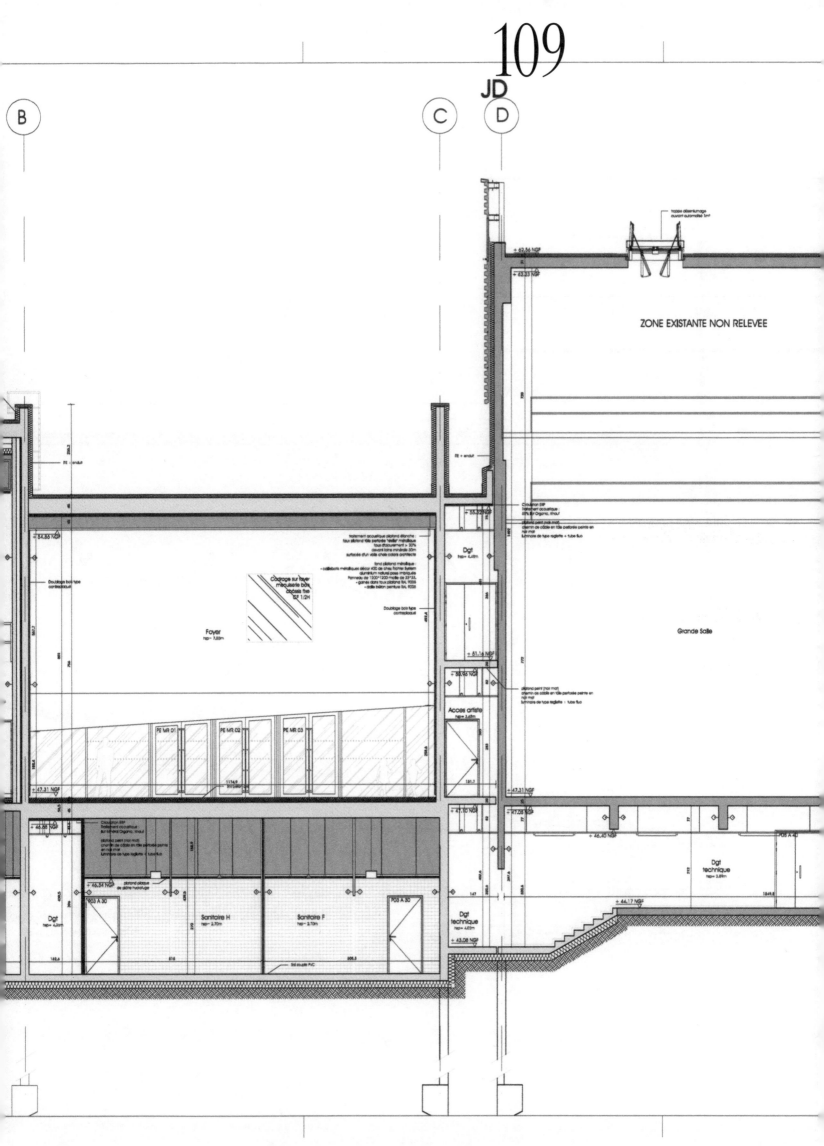

ZONE EXISTANTE NON RELEVEE

Grande Salle

Foyer
hsp= 7,69m

Acces artiste
hsp= 3,65m

Dgt
hsp= 4,49m

Dgt
technique
hsp= 3,89m

Dgt
technique
hsp= 4,02m

Dgt
hsp= 4,03m

Sanitaire H
hsp= 2,70m

Sanitaire F
hsp= 2,70m

PE MR 01   PE MR 02   PE MR 03

P03 A 30

P03 A 30

P03 A 40

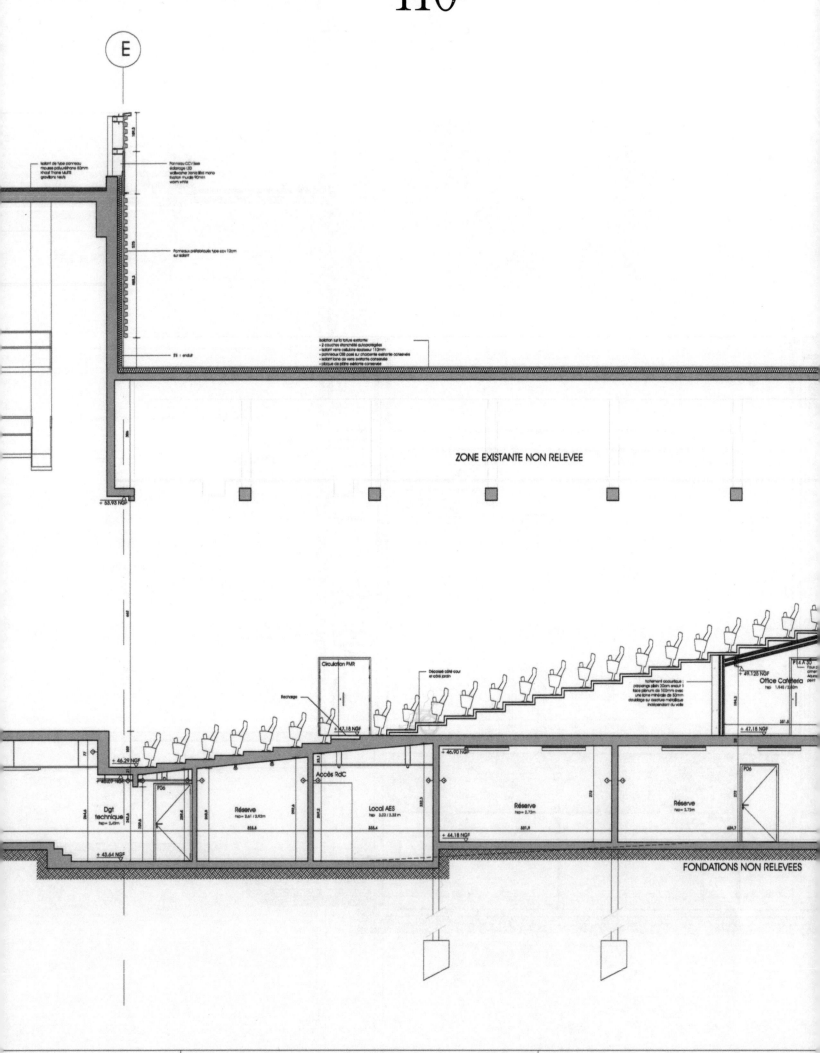

ZONE EXISTANTE NON RELEVEE

FONDATIONS NON RELEVEES

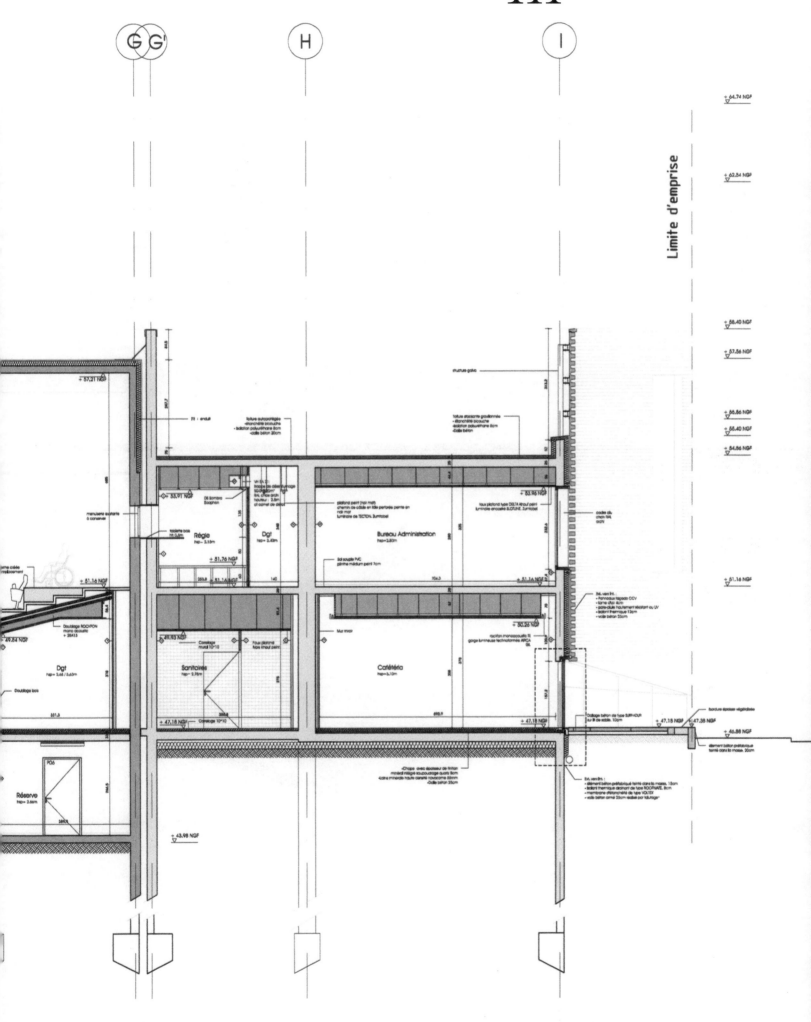

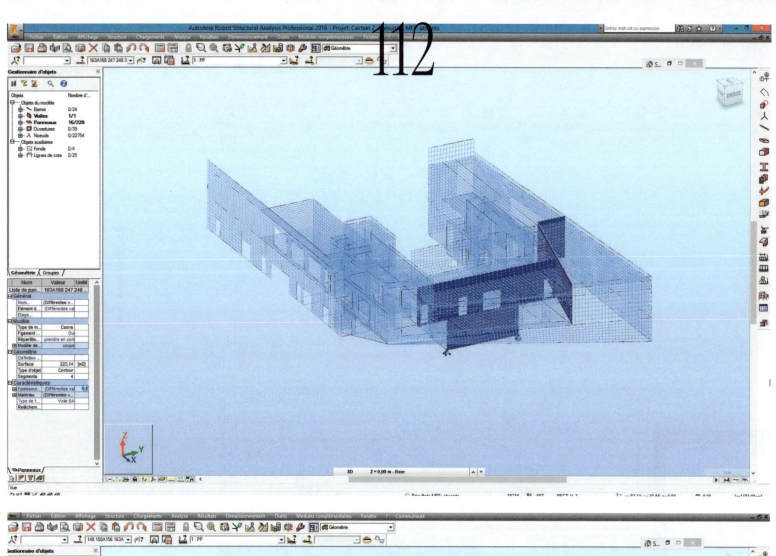

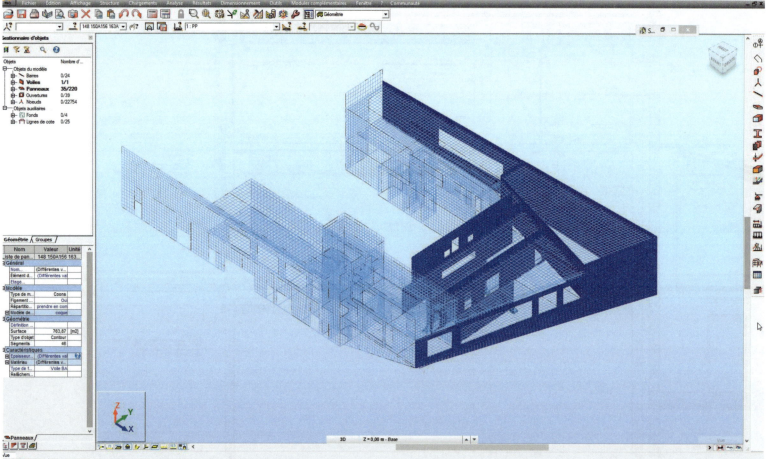

Ci-dessus: modèle de calcul tridimensionnel aux éléments finis de la phase exécution

Pages suivantes: «minutes» bureau d'ingénieur structure – schéma structurel en phase d'avant-projet sommaire et plan de ferraillage PHr+3 en phase d'exécution

Un bâtiment à restructurer
PAR Pierre Cayla, Batiserf

Batiserf est un bureau d'étude structure au service de l'architecture qui intervient sur des conceptions de bâtiments neufs, restructurations lourdes ou réhabilitations d'ouvrages classés. Reconnu par de nombreux architectes avec qui il collabore, il vise l'innovation comme en témoignent les exemples de structures à grandes portées du théâtre de Freyming-Merlebach (Coulon & Associés) ou la salle de musique amplifiée d'Évreux (Hérault & Arnod architectes).

Initialement Maison des jeunes (1965) modifiée en théâtre avec des agrandissements en 1988, le théâtre Jacques Carat abrite principalement une grande salle de spectacle entourée d'espaces d'activités et de surfaces de circulation. En vue de sa réhabilitation, de son extension et de sa mise aux normes, il a fallu réaliser:
• la démolition complète du corps de bâtiment existant de l'ensemble hall d'entrée et galerie des expositions, vestiaires et loges, en ne conservant pour l'essentiel que la grande salle de théâtre et la cage de scène et son sous-sol;
• la restructuration du corps de bâtiment existant conservé constituant le volume de l'actuelle salle de théâtre réhabilitée;
• la réalisation de l'extension périphérique au corps de bâtiment existant conservé réhabilité, en R+2 sur niveau –1 partiellement enchâssé, comprenant le volume de la nouvelle salle intégrée en rez-de-chaussée et la salle de répétition au niveau –1.

LA CONCEPTION DES STRUCTURES EN EXTENSION DES SALLES ET DU GRAND HALL D'ACCÈS, D'ACCUEIL, D'EXPOSITION
La conception structurelle est basée sur la prise en compte des caractères intrinsèques liés au programme et à sa représentation architecturale et fonctionnelle. D'une part, le grand hall d'accueil du rez-de-chaussée, avec ses espaces d'exposition et de restauration et au-dessus desquels sont implantés les locaux de l'administration. D'autre part, une transparence vis-à-vis de l'extérieur est réalisée pour intégrer ce lieu de vie et de culture dans la ville.

Suivant cette idée de faciliter la déambulation et la rencontre, une solution de structure qui ne nécessite aucun point porteur intermédiaire dans ces espaces à rez-de-chaussée a été proposée. Ainsi, traduisant l'importance de la relation entre intérieur et extérieur, aucune structure verticale n'est implantée en façade.

Concernant les grands volumes fonctionnels superposés que sont la salle de répétition (au niveau R–1) et la seconde salle (au rez-de-chaussée), leur conception doit aussi prévoir des planchers et ossatures de grande portée.

Ces données nous ont conduits à nous orienter vers le choix d'une ossature principale verticale en béton armé composée de voiles, poutres voiles et voiles en drapeaux. Ils forment de grands porte-à-faux multidirectionnels associés aux différents niveaux de plancher en dalles en béton armé coulées en place qui transmettent les charges vers les noyaux de contreventement, au cœur de l'édifice.

Outre la rigidité extrême que confère ce type d'ossature à la structure, ce qui garantit un comportement maîtrisé permettant la mise en place des façades minérales lourdes rapportées, ce choix permet de répondre aux besoins d'isolation acoustique particulièrement importants pour ce programme implanté en centre urbain.

L'ORGANISATION DE LA STRUCTURE AU-DESSUS DU HALL
L'ensemble de la structure porteuse du volume en porte-à-faux repose sur le noyau intérieur central qui intègre le volume des sanitaires, réalisé en voiles béton armé de forte épaisseur (0,7 et 0,3 mètres) formant un bloc rigide fondé sur pieux. Les structures principales des niveaux supérieurs (R+1 et R+2) sont composées de deux grands voiles de béton armé coulé en place qui se déportent au-delà du bloc du rez-de-chaussée pour créer un premier encorbellement de 4 et 5 mètres environ, respectivement au nord-ouest et au sud-est. Aux extrémités de ces deux structures, perpendiculairement, d'autres voiles sont accrochés et débordent en de grands porte-à-faux de 4 à 8,5 mètres vers la façade principale et de 5 mètres vers la zone arrière. Côté nord, un autre voile en drapeau génère un encorbellement supplémentaire d'environ 4 mètres afin de générer un appui intermédiaire à la façade principale.

Ainsi, cette configuration s'autoéquilibre systématiquement de chaque côté du bloc rigide du rez-de-chaussée. Toutefois, l'absence de symétrie de l'ensemble et la configuration en drapeau d'un élément de structure conduisent à un besoin de redressement qui est obtenu par appui sur les noyaux de circulation verticale (escaliers et ascenseurs) placés de part et d'autre de la grande salle conservée et réhabilitée. La transmission des efforts est réalisée au travers des planchers qui forment un ensemble de poutres horizontales.

De fait, raccordée aux extrémités des voiles porteurs en porte-à-faux, l'enveloppe en béton armé du volume principal d'exposition et d'accueil présente des façades « suspendues ».

En outre, le porte-à-faux apparent des structures, entre le bloc rigide d'appui et l'extrémité la plus éloignée de la façade est de 16 mètres. Toutefois, le cheminement des charges suivant les structures porteuses qui supportent l'ensemble se déploie sur des longueurs de 23 à 25 mètres.

LES CALCULS
Le bureau d'étude Batiserf a conduit les calculs pour la maîtrise d'œuvre suivant une approche manuelle soutenue par une modélisation tridimensionnelle de l'ensemble. Le bureau d'étude CAMUS, chargé de l'élaboration des plans de ferraillage, a aussi eu la tâche de calculer la structure, cette fois à l'aide d'une approche manuelle et élément par élément, sous le contrôle des résultats de la modélisation tridimensionnelle de la maîtrise d'œuvre.

Une bonne intelligence dans l'analyse et la comparaison des calculs de chacun ont permis une cohérence et une continuité entre la conception et l'exécution, garantes de la fiabilité d'ensemble.

UNE OSSATURE SOUS CONTRÔLE
On se doute que de telles ossatures en béton armé ont nécessité, outre l'élaboration des calculs par nos bureaux d'étude, des exigences de mise en œuvre des armatures dans les ouvrages. Un suivi et un contrôle minutieux et rigoureux a été opéré pour la mise en place des armatures. L'entreprise a bien entendu réalisé un système d'autocontrôle systématique des armatures mises en œuvre, permettant d'assurer la conformité des aciers placés dans les banches par rapport aux plans d'exécution validés.

En outre, nous avons défini les procédures de décintrement progressif des structures, afin d'accompagner la formation de la microfissuration des ouvrages au cours du chargement, et la mise en place des moyens de suivi des déformations sur une longue période, suivant les grands principes de la procédure observationnelle.

Les contrôles se sont accompagnés d'un suivi de la formation de la microfissuration des ouvrages béton armé. L'orientation et la position des fissures dans les ouvrages traduisent très clairement le cheminement des efforts conformément à l'évolution attendue. *In fine*, ces fissurations ont démontré le bon fonctionnement des ouvrages.

Légende

PVBA 25
VBA 25
DPBA 20

Poutre voile béton armé ep. 25 c
voile " " " ep 25 c
Dalle pleine béton armé ep 20 c

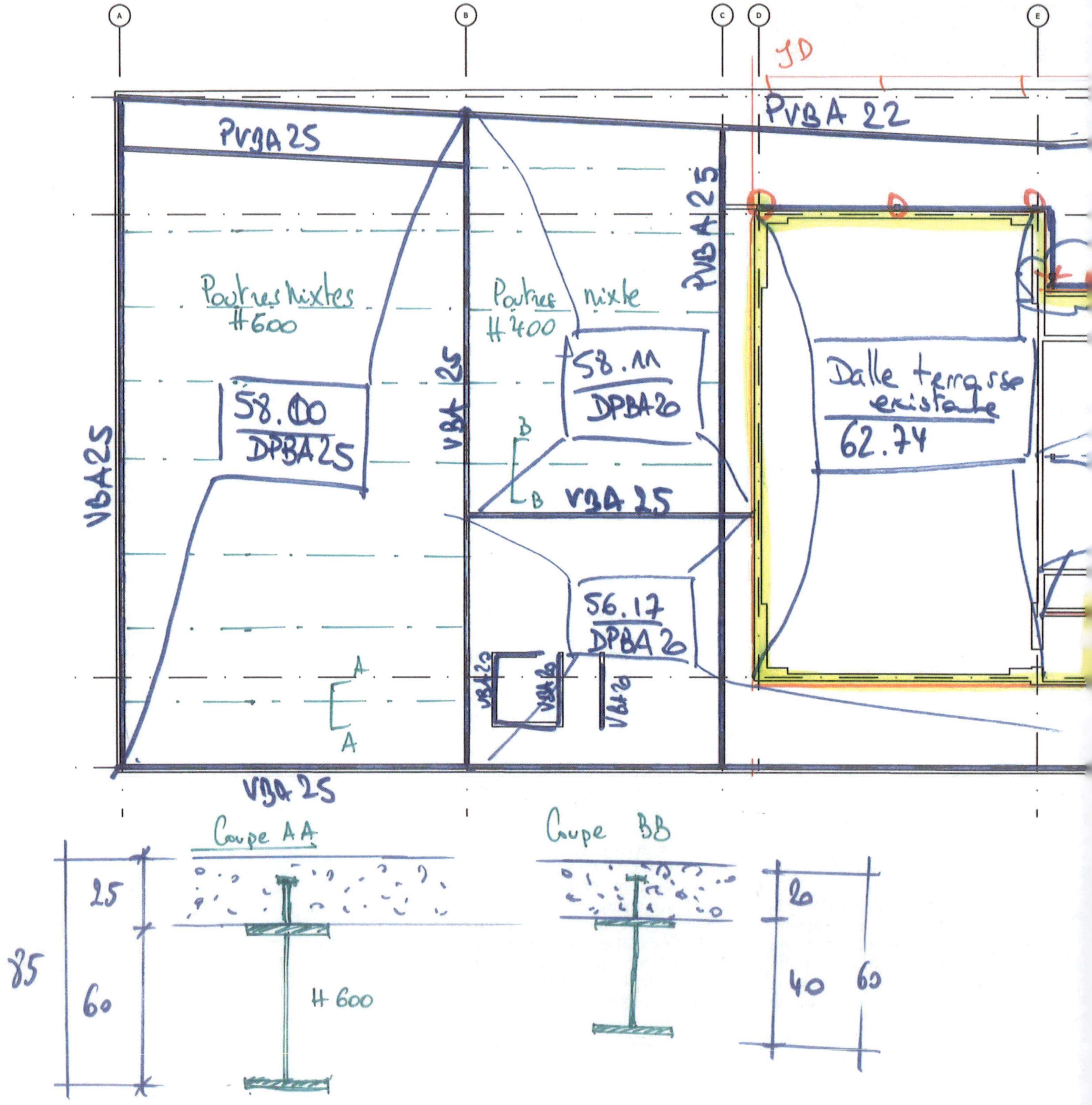

A B C D E

JD

PVBA 25

PVBA 22

PVBA 25

VBA 25

Poutres mixtes
H 600

Poutre mixte
H 400

58.00
DPBA 25

58.11
DPBA 20

B
B VBA 25

Dalle terrasse
existante
62.74

VBA 20 VBA 20 VBA 20

56.17
DPBA 20

A
A

VBA 25

Coupe AA

Coupe BB

85

25

60

H 600

20

40 60

Poteaux à oblique

Poutre BA 60x240 cm ht

Poteau BA 25x25

JD

58.11
DPBA25

53.56   VBA 25-Aj= 59.11

PVBA 25

Couverture existante
57.41

VBA 26

VBA 20

54.10

57.82

PVBA 22

DPBA 20

Couverture existante
53+56

54.38

VBA 25

PrBA25

PVBA25

JD

poteaux BA 25x25 cm

CACHAN
Le 20.03.2012
PH R+2
Ech 1/250

115 BATISERF
INGENIERIE
11 bd Paul Langevin
38600 FONTAINE
Tel : 04 76 24 83 80
Fax 04 76 24 40 86

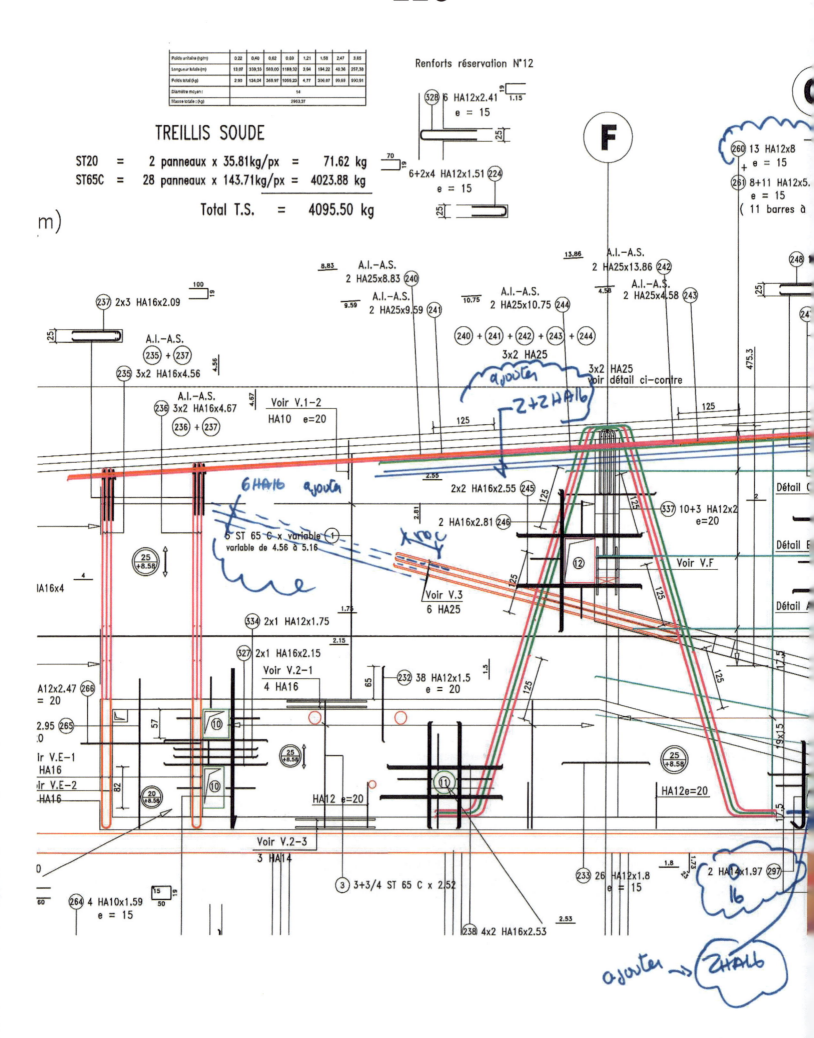

Poids unitaire (kg/m)	0.22	0.40	0.62	0.89	1.21	1.58	2.47	3.85
Longueur totale (m)	13.07	339.33	569.00	1189.32	3.94	194.22	40.36	257.38
Poids total (kg)	2.93	134.04	368.97	1059.23	4.77	306.87	99.69	990.91
Diamètre moyen :						14		
Masse totale : (kg)				2963.37				

Renforts réservation N°12

TREILLIS SOUDE

ST20 = 2 panneaux x 35.81kg/px = 71.62 kg
ST65C = 28 panneaux x 143.71kg/px = 4023.88 kg

Total T.S. = 4095.50 kg

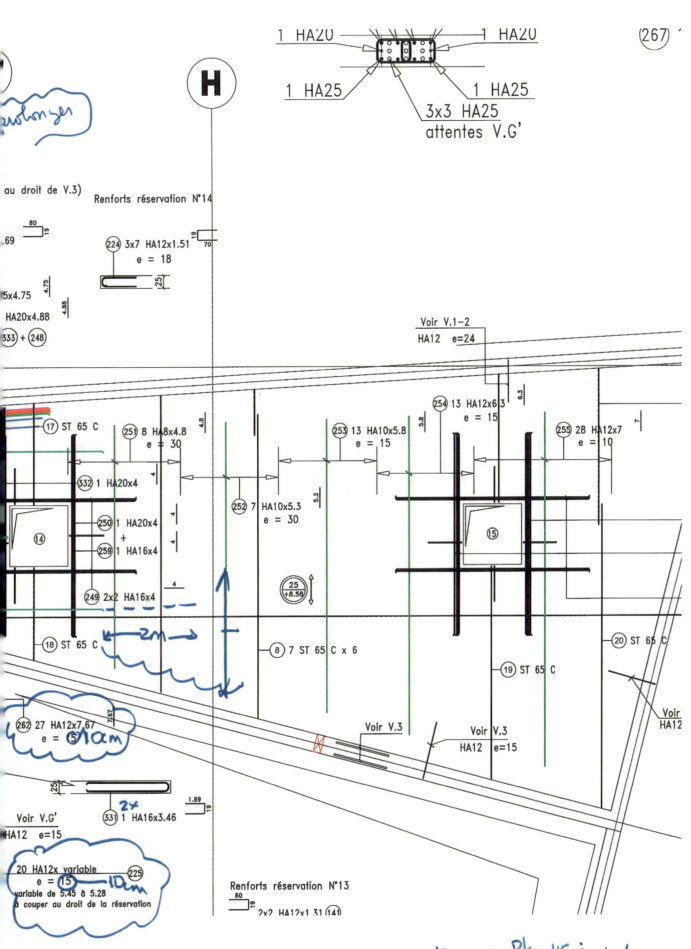

1 HA20   1 HA20   (267)

H

1 HA25   1 HA25

3x3 HA25
attentes V.G'

prolonger

au droit de V.3)   Renforts réservation N°14

80
19

.69

224 3x7 HA12x1.51   19
e = 18   70

25

x4.75   4.75

HA20x4.88   4.88

333 + 248

Voir V.1-2
HA12 e=24

6.3

254 13 HA12x6.3
e = 15

17 ST 65 C   251 8 HA8x4.8   4.8   253 13 HA10x5.8   5.8   255 28 HA12x7   7
e = 30   e = 15   e = 10

332 1 HA20x4   4

250 1 HA20x4   4   252 7 HA10x5.3   5.3   15
+   e = 30
259 1 HA16x4   14

249 2x2 HA16x4   4   25
+8.58

2m

18 ST 65 C   8 7 ST 65 C x 6   20 ST 65 C

19 ST 65 C

Voir
HA12

262 27 HA12x7.67   7.67   Voir V.3   Voir V.3
e = 61am   HA12 e=15

25

Voir V.G'   2x
HA12 e=15   331 1 HA16x3.46   1.59
19

20 HA12x variable   225
e = 15   10cm
variable de 5.45 à 5.28
à couper au droit de la réservation   Renforts réservation N°13

60
19
2x2 HA12x1.31 141

Extrait Plan 45 ind Ø.

visa du 09/11/2015

Quelle est l'épaisseur minimum des joints entre panneaux ?

Peut-on recouvrir les joints de panneaux ?

Comment réaliser le joint de dilation avec façade ?

Les pièces de couronnement haut et bas sont-ils fixer mécaniquement ou scellés ? Épaisseur des joints ?

Quelle est la dimension minimale des panneaux ? cf plan de calepinage

Les panneaux sont-ils découpés ou faut-il créer un moule spécifique ?

Doit-on dessiner des pièces d'angle ou peut-on accrocher en quiconque les panneaux ?

Combien de fixation halfen sont-elles nécessaire par panneaux ?

L'espacement entre le voile béton et les panneaux peut-il être de 16cm ?

+ envoyer détail angle à Ets Jamelin

+ dimin calepinage panneau CCV bas
en escalier

Auj: mail Arara   Reunion 23.
                         - EP
                         - intention Eaux
Jeudi: - DSF dim A.A.
                         - CCV Ecran Cantonnement

vendredi

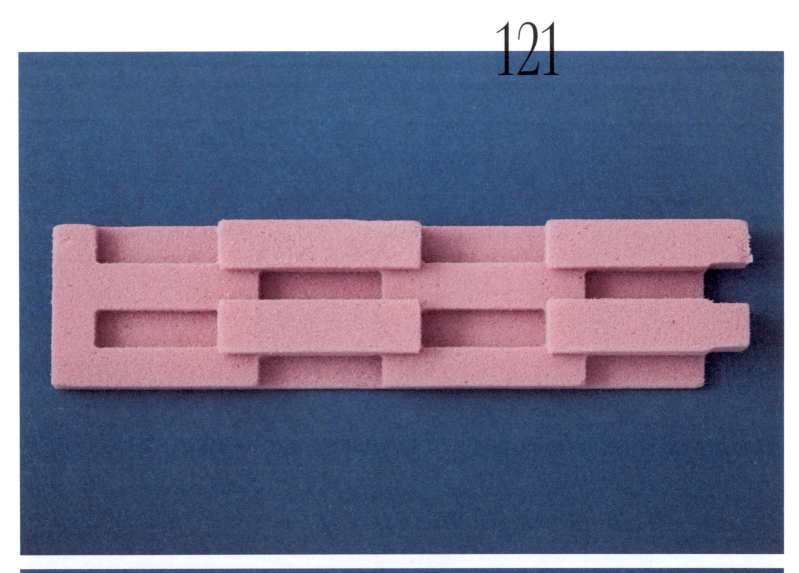

Ci-dessus : études géométriques d'un panneau de façade en mousse, ⅓
Pages suivantes : étude de dimension des panneaux de façade en phase projet et mise au point des détails des encadrements en phase d'exécution

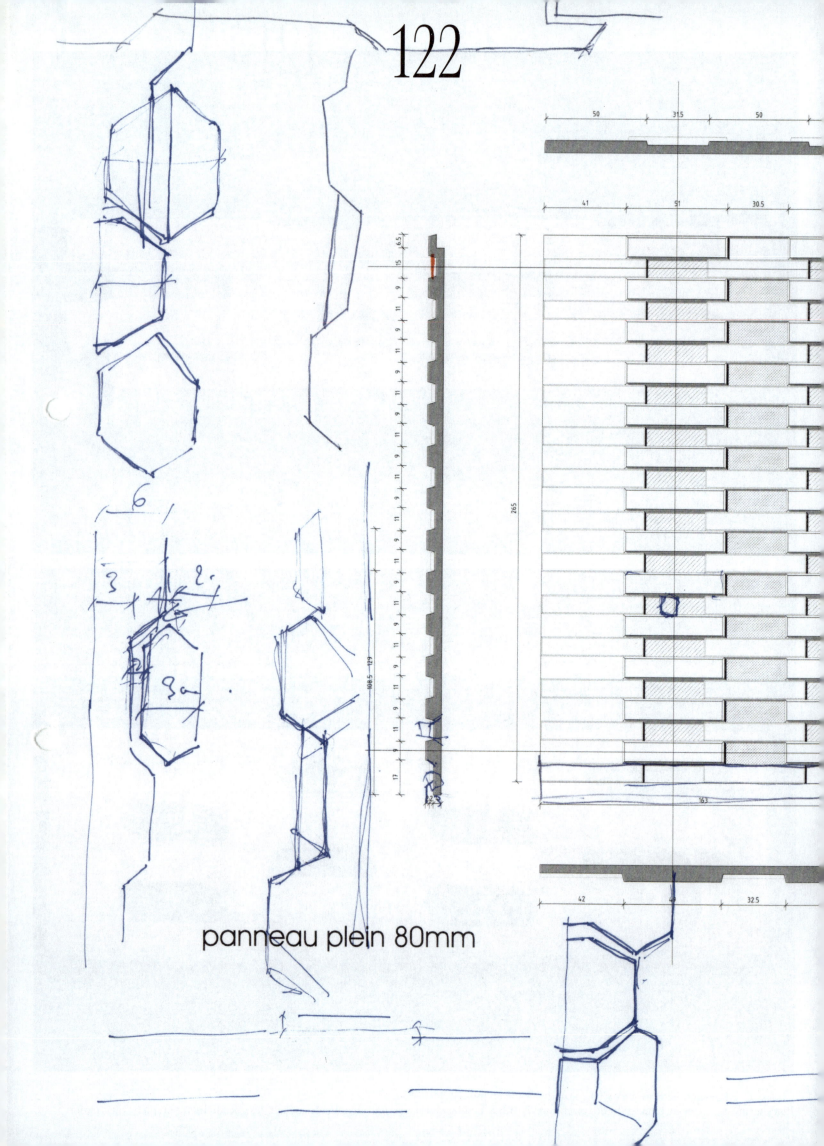

panneau plein 80mm

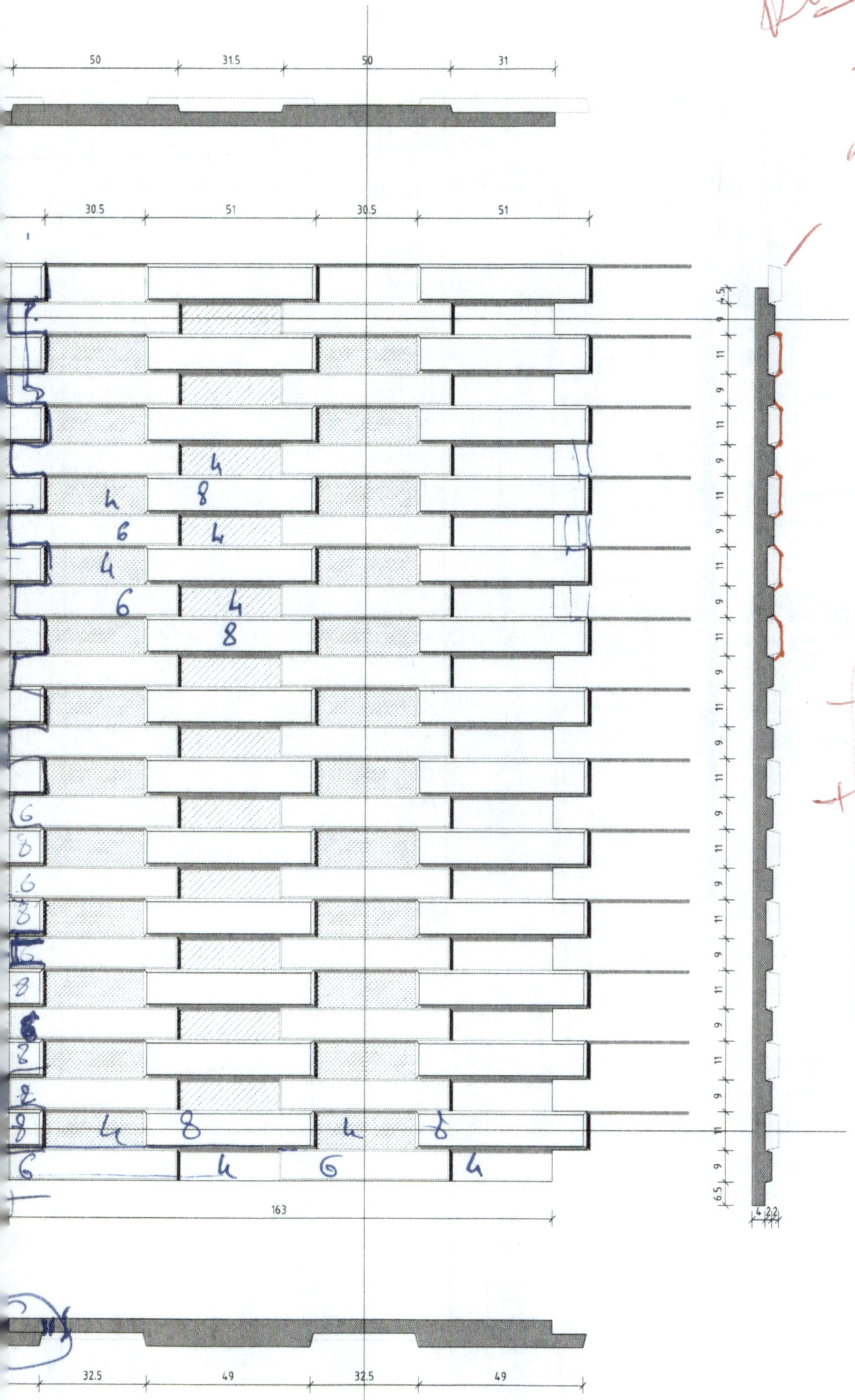
50
31.5
50
31
30.5
51
30.5
51
163
32.5
49
32.5
49

0%

d'ouverture

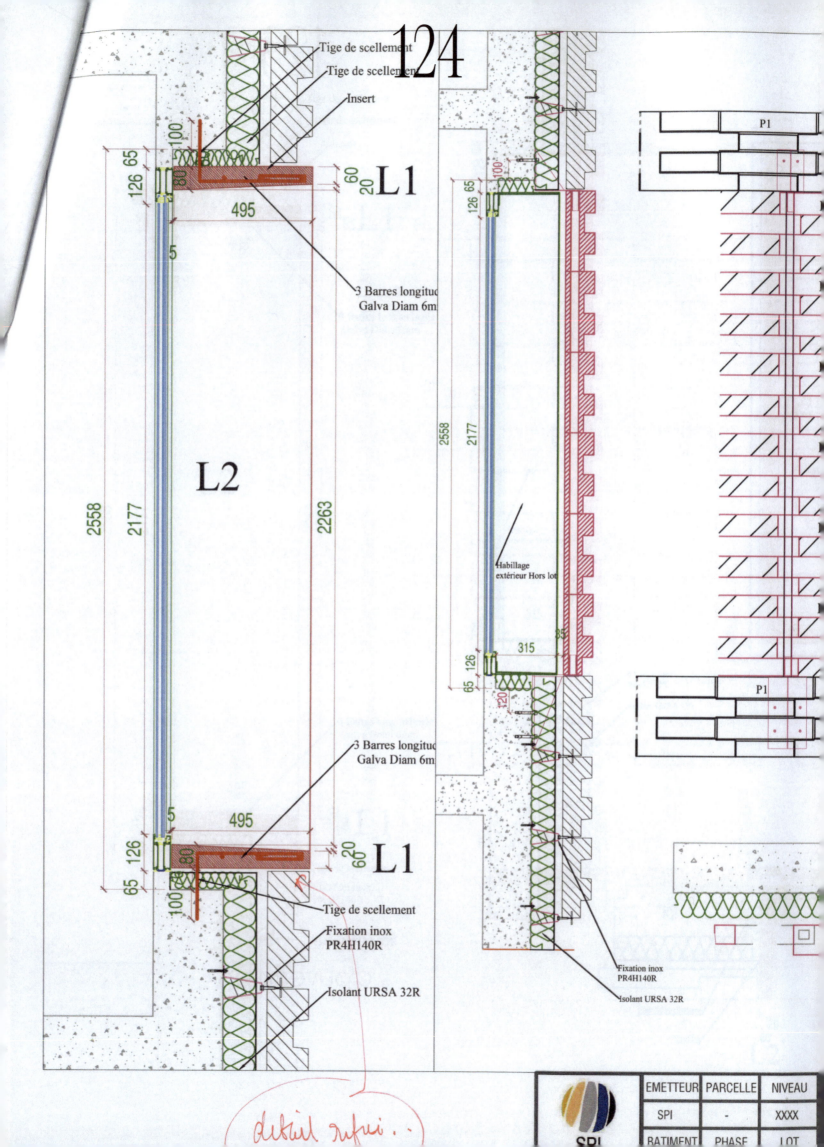

Tige de scellement

Tige de scellement

Insert

L1

3 Barres longitud
Galva Diam 6m

L2

3 Barres longitud
Galva Diam 6m

L1

Tige de scellement

Fixation inox
PR4H140R

Isolant URSA 32R

Habillage
extérieur Hors lot

Fixation inox
PR4H140R

Isolant URSA 32R

P1

P1

EMETTEUR	PARCELLE	NIVEAU
SPI	-	XXXX
BATIMENT	PHASE	LOT

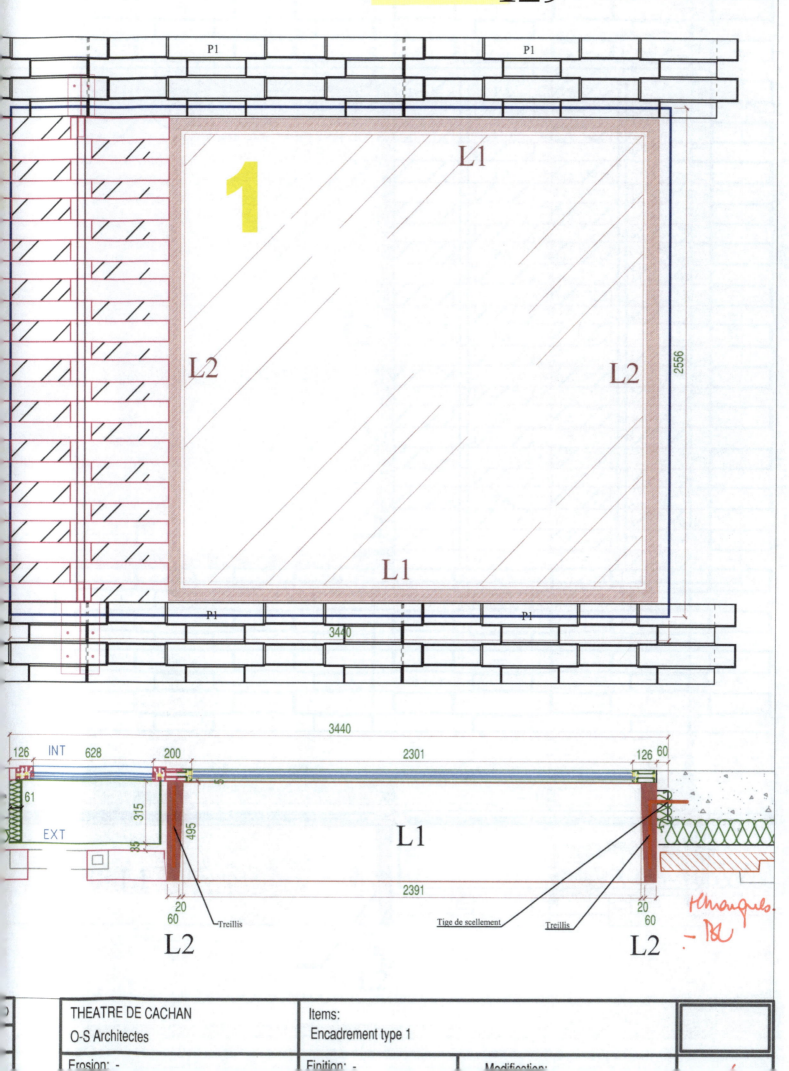

THEATRE DE CACHAN

O-S Architectes

Items:

Encadrement type 1

Erosion: -

Finition: -

Modification:

La seconde salle du théâtre de Cachan
PAR Pierre Jaubert de Beaujeu, dUCKS scéno

Fondée par Michel Cova, dUCKS scéno est une agence de scénographie dédiée aux lieux de spectacle vivant. L'agence a collaboré avec de nombreux architectes de renom et réalisé de multiples salles de théâtre mais aussi des auditoriums tels que les Philharmonies de Paris (Ateliers Jean Nouvel et Brigitte Métra & Associés) ou de Hambourg (Herzog & de Meuron).

C'était le titre du programme, version 7, 17 juillet 2011. Mais c'était une « seconde salle » qui amenait à redéfinir l'ensemble du théâtre. Le programme déroulait une suite de demandes qui conduisait finalement à recomposer intégralement l'inscription urbaine du lieu.

Pour répondre à cette ambition, être à la hauteur des besoins, de la qualité culturelle et de la diversité des spectacles proposés, le nouvel espace du théâtre devait correspondre à des enjeux qui étaient au-delà des besoins courants, tout en conservant la justesse et la légitimité du travail de l'équipe technique, artistique et administrative, et en lui donnant un second souffle.

C'était l'une de nos premières collaborations avec o-s, et nous nous sommes lancés dans le concours en partageant clairement avec les architectes les attentions particulières que nos savoir-faire techniques et notre expérience apportent à la conception des salles de spectacle en insistant sur la juste composition entre les fonctionnalités requises par les différentes formes de représentation et l'unité, l'organisation et la qualité spatiale du lieu.

Ici, dans le faisceau de contraintes liées au site et au fonctionnement de la salle existante, c'était l'organisation des espaces qui semblait fondamentale. Comment articuler les deux salles ? L'idéal nous paraissait de pouvoir les adosser longitudinalement par l'arrière-scène. Mais en l'absence de quelques mètres – et sans pouvoir récupérer un bout de la parcelle adjacente dédiée à un futur équipement sportif –, seule l'implantation en L des deux salles semblait finalement possible et cohérente. Entre les deux, nous pouvions glisser la logistique commune pour les deux plateaux et le hall-foyer d'entrée du public vraiment généreux. Nous rêvions de l'ouverture, ou au moins d'une certaine transparence entre ces deux espaces – lesquels sont d'habitude éloignés dans la composition classique des théâtres – mais les conditions de sécurité rendaient cela difficile.

C'est autour de ce noyau que devaient se déployer à chacun des niveaux tous les espaces et les circulations publiques, techniques et artistiques. L'exercice fut assez complexe entre les différents niveaux du bâtiment existant, les sous-sols partiellement impraticables, les conditions de sécurité pour les espaces enfouis, etc.

Pour la « seconde salle », nous avions globalement respecté les données du programme – une *black box* simple et « inventive » et son gradin télescopique – et juste proposé de ne pas suivre la préconisation d'implanter des perches contrebalancées mais des équipes motorisées et mobiles pour éviter la cheminée de contrepoids qui avait une forte incidence au sous-sol, notamment sur la salle de répétition. Au stade du concours, les interventions dans la salle existante pour la rendre accessible aux personnes à mobilité réduite et le déplacement de la régie semblaient simples.

Une fois nommés lauréats, nous avons pu nous mettre vraiment au travail. Nous pouvions initier les rencontres avec les équipes, commencer à échanger, etc. Ici, et peut-être plus que pour un projet entièrement neuf où le changement est implicite, ce dialogue était important. Il permet de s'entendre entre techniciens, de comprendre des usages particuliers, de recueillir des demandes spécifiques et, parallèlement, de faire accepter de nouvelles propositions d'aménagement et d'équipement, ou peut-être juste différentes des habitudes.

Le travail du projet fut laborieux et, grâce à ces échanges, fructueux. Il permit d'amender progressivement le programme, même si nous étions souvent en porte-à-faux entre les besoins exprimés par les utilisateurs et les contraintes de la maîtrise d'ouvrage, notamment budgétaires.

Ainsi, le faux gril de la nouvelle salle finit par être constitué par des équipes motorisées que nous avions prévues au concours mais maintenant fixes, et d'un ensemble mobile de palans et poutres truss que les utilisateurs trouvaient plus versatiles notamment pour toutes les configurations bi-frontales ou autres. Nous avons étudié un système de quai mobile de déchargement qui se déplace en hauteur pour compenser la différence de hauteur entre le cul de camion et le plateau technique entre les deux scènes, mais aussi se translate sur le trottoir pour ne pas constituer une emprise sur le domaine public. Ainsi les différentes circulations entre les salles et avec les espaces mutualisés : les nouveaux accès artistes, publics et techniques, les relations avec le sous-sol ont été faits, défaits et refaits avec les différents acteurs du théâtre jusqu'au compromis le plus acceptable. Tout cela pour une plus grande fluidité des circulations publiques (notamment pour les personnes handicapées), techniques et artistiques, facilitant l'accueil des spectateurs et le travail quotidien (et exigeant) de mise en place, de réglage, de maintenance, pour la représentation.

Les interventions sur le bâtiment existant furent également pleines de rebondissements et donc de réunions, de négociations, etc. Comment rendre accessible aux PMR (personnes à mobilité réduite) la grande salle sans réduire la jauge, sans remettre en état les fauteuils « fatigués » ? Comment déplacer la régie sans déplacer le local gradateur qui est sur l'emplacement souhaité – et donc tous les câblages – et sans remettre en état les différentes infrastructures audiovisuelles ? Comment compenser les surcoûts de ces multiples enchaînements de cause à effet dès que l'on touche à quelque chose dans un bâtiment ancien ? Là aussi, toutes les hypothèses et leurs conséquences ont été analysées et réexaminées jusqu'aux ultimes arbitrages.

C'est l'histoire de tout projet. Nous voulions être attentifs au fonctionnement de l'équipe résidente, les remarques des assistants à la maîtrise d'ouvrage correspondaient souvent à des éléments que nous avions envisagés mais auxquels nous avions renoncé à cause des coûts. Nous avions parfois l'impression d'être un peu seuls à défendre des solutions qui nous semblaient pourtant évidentes… Nous ne sommes probablement jamais suffisamment pédagogues concernant les différents tenants et aboutissants de nos propositions.

Le bon fonctionnement et l'adéquation des équipements scénographiques à leur utilisation singulière sont principalement une affaire de détail, dont l'élaboration concrète ne peut se faire que dans le cadre de ce travail en collaboration avec l'ensemble des intervenants du projet. Ce travail prend du temps, que nous avons rarement en trop, même quand le projet prend du retard pour d'autres raisons. Mais nous prendrons toujours ce temps pour que les espaces et les équipements scénographiques soient constitués de manière à être de véritables outils techniques qui permettent tous les usages possibles – présents et à venir –, pour assurer l'appropriation de ces outils par tous, artistes et techniciens, pour le plaisir du public. Ainsi les différents éléments scéniques et la manière dont ils sont mis en œuvre et en espace devraient constituer « l'intelligence » scénique du bâtiment.

Aujourd'hui, c'est bien un nouveau théâtre qui est là, il est bien plus que la seconde salle du théâtre de Cachan, et c'est un nouveau lieu qui est bien parti pour faire « lieu » !

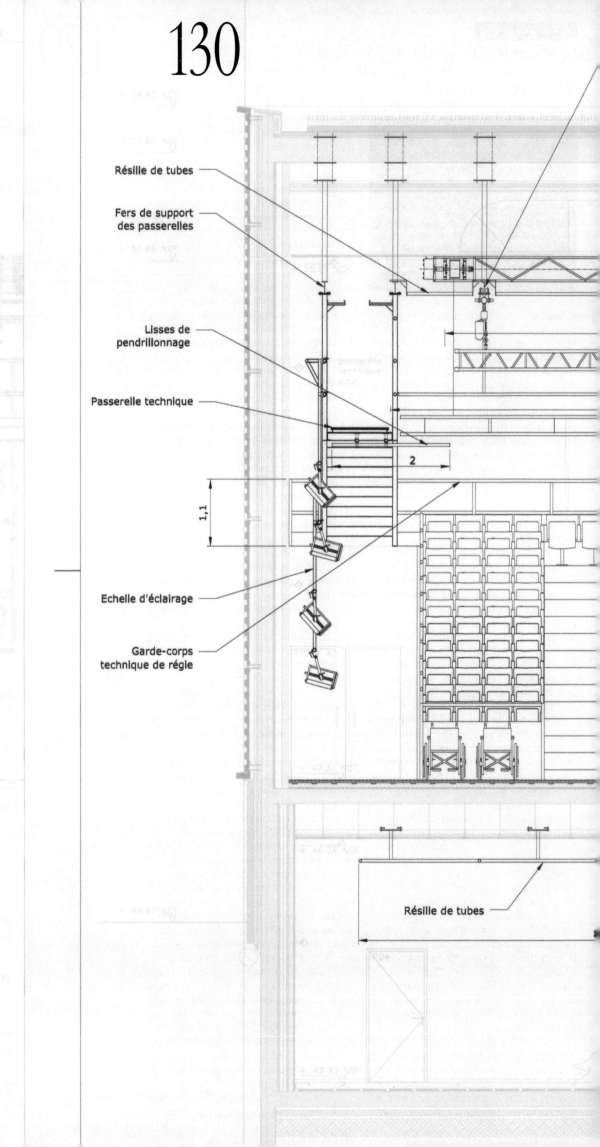

Résille de tubes

Fers de support
des passerelles

Lisses de
pendrillonnage

Passerelle technique

Echelle d'éclairage

Garde-corps
technique de régie

Résille de tubes

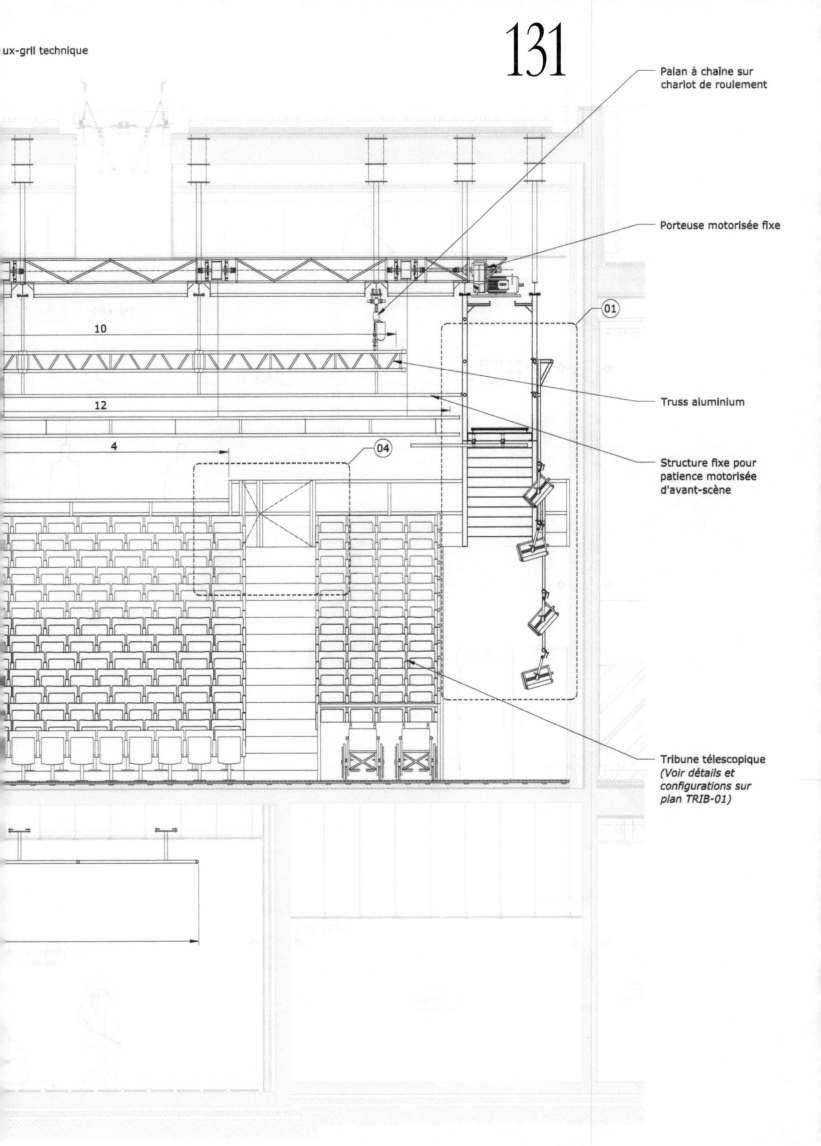

Palan à chaîne sur
charlot de roulement

Porteuse motorisée fixe

Truss aluminium

Structure fixe pour
patience motorisée
d'avant-scène

Tribune télescopique
*(Voir détails et
configurations sur
plan TRIB-01)*

01

04

10

12

4

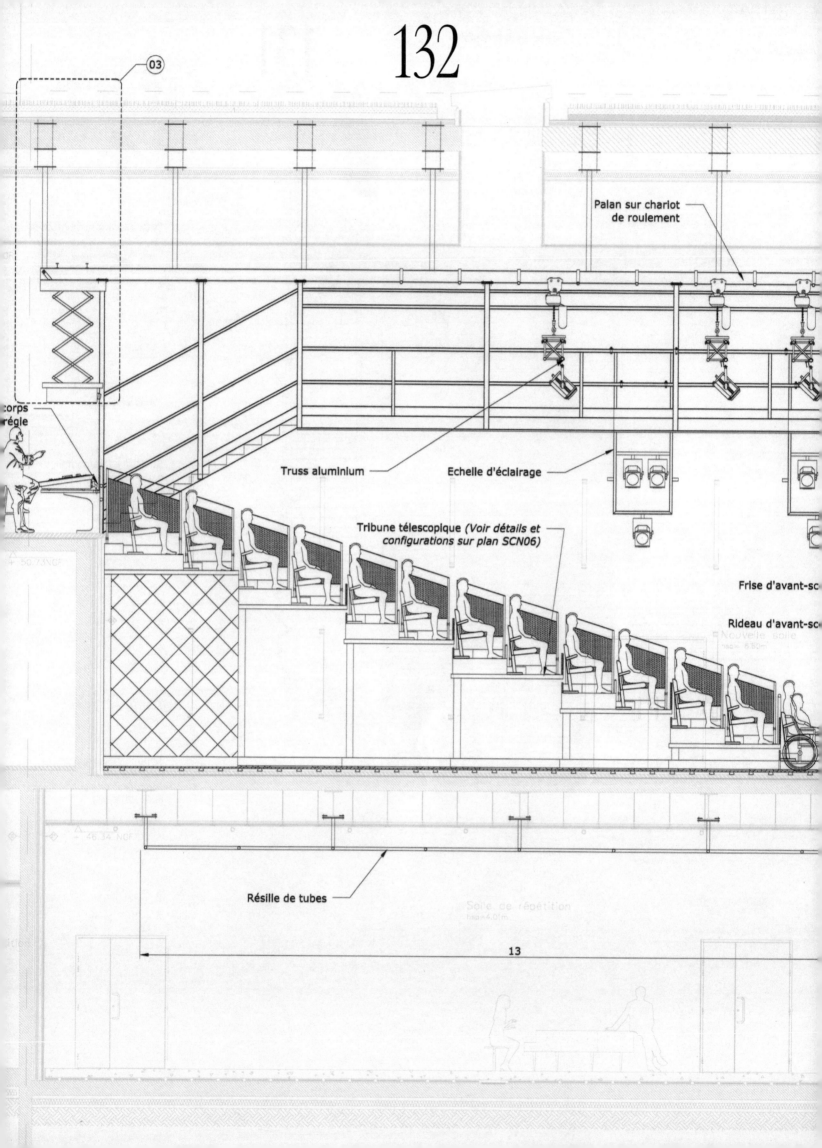

03

Palan sur chariot
de roulement

corps
régie

Truss aluminium

Echelle d'éclairage

Tribune télescopique (Voir détails et
configurations sur plan SCN06)

Frise d'avant-sc

Rideau d'avant-sc

Nouvelle salle
hsp≈8.50 m

Résille de tubes

Salle de répétition
hsp≈4.01 m

13

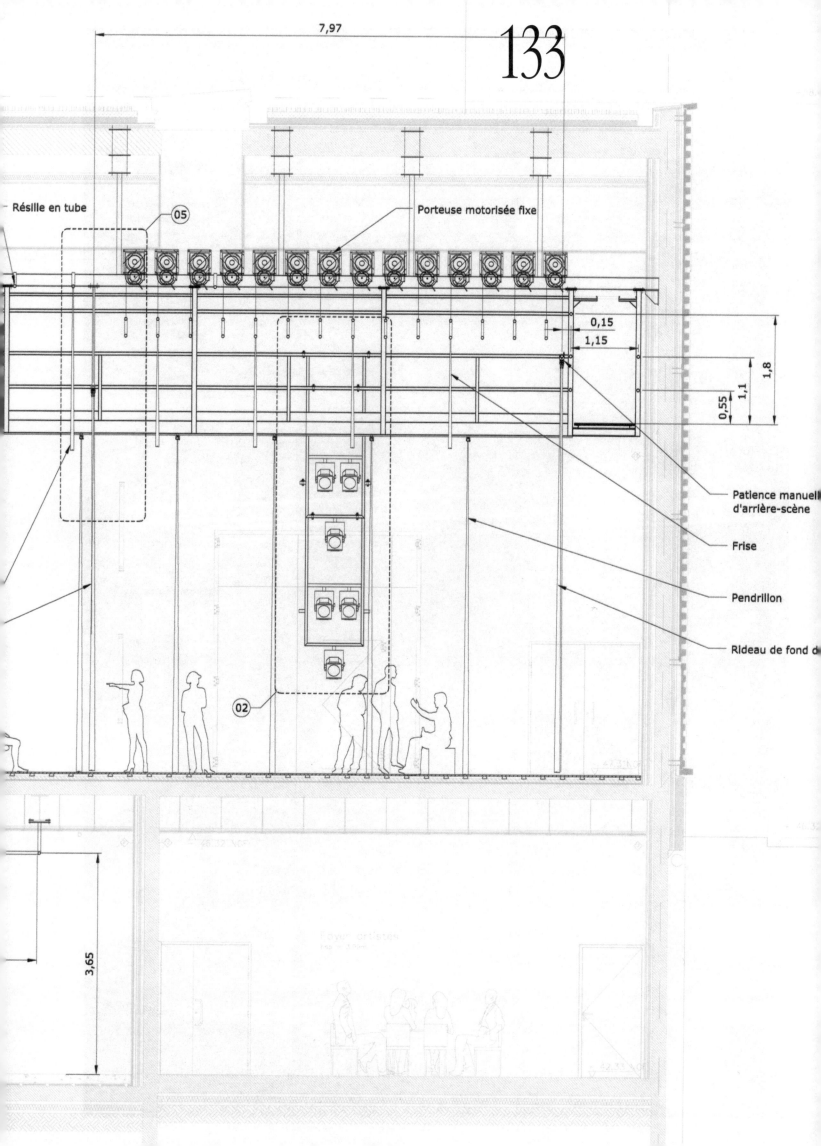

7,97

133

Résille en tube

⑤ 05

Porteuse motorisée fixe

0,15

1,15

1,8

1,1

0,55

Patience manuelle d'arrière-scène

Frise

Pendrillon

Rideau de fond d

② 02

3,65

Restructuration du Théâtre de Cachan

MOA : CAVB   MOE : O-S Architectes – Zebra 3 – Batiserf - Ducks – Cabinet Lamoureux

CR

03- La porte de 2UP à la sortie de l'escalier encloisonné en R+1 peut être supprimée. Vérifier que la puissance de l'ascenseur le permet. ✓

04- La MOA confirme que le désenfumage de la circulation menant à l'EAS côté administration est bien mécanique. Vérifier notice de sécurité. ✓

05- Le Bureau de contrôle demande le cahier des charges SSI ainsi que le zoning de désenfumage. 23

06- Il convient de laisser le dégagement libre au droit des trappes de désenfumage de la cage de 23 scène existante. Il faudra prévoir un marquage au sol pour cette zone des coulisses. Le bureau de contrôle valide la proposition de superposé les amenées d'air.

07- Justifier le désenfumage naturel des escaliers encloisonnés. Modifier en fonction la notice de 23 sécurité

08- Justifier le calcul des sections de désenfumage mécanique des EAS. (12vol/heure) 23

09- La notice de sécurité stipule que nous respectons la règle des 4H. le contrôleur technique n'est pas d'accord. Revoir la notice de sécurité.

10- Vérifier que les plans archi présentes bien une protection des 4 faces des gaines de désenfumage en PROMAT

11- Vérifier si la règle des 1 pour2 a été respectée pour le dimensionnement des trappes 23 d'amenées d'air.

12- Vérifier que le local de stockage de la salle de répétition n'excède pas 50m3.

13- La porte de recoupement de grande dimensionnement devra faire l'objet d'un avis de chantier   CF PV

14- L'ensemble des revêtements muraux devront être M2   CF PV

15- Vérifier que les habillages soit incombustible et acoustique. Difficulté de mise en œuvre. Vérifier faisabilité des contre cloisons 98/48. Il faudrait les remplacer par un BA18 + BA25

16- La porte de l'escalier encloisonné côté administration doit être rabattable.

17- Ajouter sur plan archi l'implantation des ouvrants de désenfumage au R+1 côté administration   (Devoir est de cet espace)

18- Le positionnement de l'exutoire en R+1 côté administration n'est pas conforme. Etudier la passage en désenfumage mécanique de cette zone.

19- Vérifier que la porte grande hauteur soit bien CF 1h — PAS BESOIN DE CF 1/H.

20- Les luminaires doivent respectés les normes NF (douille porcelaine) 23

21- Justifier l'éclairage de 20Lux du parvis OS 23

22- Les issues de secours doivent être praticables à 50 DN. Contacter Mr Thévenin de chez Qualiconsult pour une réunion spécifique. —

23- Revoir les espaces de manœuvre dans les sanitaires du R-1

24- Le bouton ascenseur doit être positionné à 50cm des portes. EN COURS (PB) pas n faut

25- Les vitrages du mur rideau sont bien feuilletés des deux côtés sur l'ensemble du mur rideau.

26- Envoyer les calculs de rétention fournie pour le permis de construire à Mr Lefrancois.

27- Vérifier que l'isolant des acrotères est bien présent dans les cctp.

28- Vérifier que l'isolant des acrotères est compatible avec le système de rétention en toiture. Le DTU rendait obligatoire la présence d'un drainage pour les toitures stockantes.

29- Fournir détail des découpes des couvertines au droit de la structure métallique.

30- Fournir détail d'étanchéité pour les échelles à crinoline

31- Fournir détail du passage des gaines CVC à travers l'étanchéité, l'isolant et le béton en toiture.

Jean-Paul Lamoureux est
un acousticien notamment
spécialisé dans les salles de spectacle.
Il est appelé par de nombreux
architectes pour effectuer les études
et suivre le projet jusqu'à sa mise
en service. Entre autres références:
la Seine musicale à Boulogne
(Shigeru Ban et Jean de Gastines),
la nouvelle salle Pleyel à Paris
(Daniel Vaniche DVVD) ou le pavillon
Dufour dans le château de Versailles
(Dominique Perrault Architecture).

La création d'une salle de théâtre publique supplémentaire de 250 places au sein du pôle culturel existant de Cachan posait les questions tradition-nelles et interactives pour définir les niveaux de performance en termes de confort acoustique recherché.

Les familles d'exigence à traiter étaient donc:
• l'isolement acoustique aux bruits aériens et aux bruits d'impact tant entre les locaux du pôle culturel que vis-à-vis de l'extérieur;
• le contrôle du bruit émis par les équi-pements techniques du bâtiment (chauf-fage, ventilation, conditionnement d'air (CVC), production d'énergie chaude et froide, systèmes électriques);
• et la maîtrise de la réverbération en regard des types d'utilisation envisagés dans le volume.

S'agissant de choisir les objectifs en matière d'isolement acoustique, ceux-ci se sont trouvés pilotés par la prise en compte de la pluralité des usages de la future salle: au 21e siècle, les spectacles de théâtre mêlent souvent bandes-sons amplifiées et voix naturelle. Par ailleurs, l'évolutivité vers les diffusions plus com-plexes dans ce cadre avec l'avènement du tout numérique conduisent à considérer la possibilité de développer au sein de la salle plus de 100 dBA (niveau d'une per-ceuse ou d'une motocyclette). En consé-quence et compte tenu de la proximité immédiate de riverains, ces choix dictent des solutions adéquates.

Parallèlement, dans une salle de ce type, la réponse acoustique du volume doit être:
• adaptée pour la parole en naturel, ce qui nécessite assez peu d'absorption ramenée ici aux volumes en jeu, mais avec une très bonne distribution spatiale des sons utiles produits alors sur scène. Il faut alors apporter des réflexions et de la diffusion sur les parois latérales, indis-pensables pour un son riche et bien distribué;
• adaptable pour pouvoir baisser la durée de réverbération lors de spectacles assi-milables à de la musique amplifiée.

Le travail mené avec les architectes visant à une intégration des paramètres acoustiques dans le dessin plutôt qu'à une greffe pas toujours heureuse nous a orientés vers la solution de béton pré-fabriqué à surface ondulatoire, formant des aspérités variables d'une dizaine de centimètres d'amplitude. Ces éléments sont montés en doublage du voile béton de façade avec un plénum amorti par de la laine minérale. L'ensemble consti-tue à la fois un système masse-ressort-masse et une paroi diffusante côté salle de spectacle.

Détail d'accroche des panneaux acoustiques béton, intérieur de la salle Claude Charasse

Le parvis-jardin du théâtre Jacques Carat, nouvel espace public PAR Emma Blanc

Emma Blanc est paysagiste. L'espace public est son domaine de prédilection. Elle a notamment réaménagé les places de la Madeleine et du Panthéon à Paris, et travaille actuellement sur le nouveau paysage de celle de la Bastille. Un travail en tectonique qui mêle minéral et végétal comme en témoigne le parvis du tribunal de grande instance de Paris (Renzo Piano Building Workshop).

Situé sur un axe nord-sud formé par la vallée de la Bièvre, ce que Cachannaises et Cachannais nomment «parvis-jardin» s'inscrit dans une promenade inter-quartiers qui relie les vignes de Cachan au nord vers la place Jacques Carat aux berges de la Bièvre, au sud de la ville.

GOMMER LES RUPTURES, DÉVELOPPER LES CONTINUITÉS

Le site, un promontoire de trois mètres de haut déconnecté des rues avoisi-nantes, a été finement nivelé et aménagé afin de retrouver des liaisons avec les voies et espaces publics qui ceinturent la parcelle.

Au service de transparences visuelles choisies, une série de pentes douces et progressives entre les avenues périphériques et l'entrée du théâtre créent un lien visuel fort entre le parvis-jardin, la ville et son nouvel équipement.

Le parvis a pour vocation d'être accessible au plus grand nombre. Sa composition ou structure s'appuie sur les grandes lignes de la façade du théâtre, sobre et élégante. De grandes obliques et une inflexion forment au sein du jardin une structure tramée sur laquelle se déploie l'espace. Les proportions et la qualité du parement modulaire de la grande façade alternant pleins et vides sont ainsi repris par la trame qui com-bine surfaces minérales et surfaces plan-tées d'essences aux hauteurs variées.

Profitant du vitrage sur toute la longueur du bâtiment, la pente géné-rale rejoint le sol du grand hall depuis le parvis. Le regard s'enfonce jusqu'à l'intérieur du volume éclairé, tandis que depuis l'intérieur, une vue panoramique en légère plongée sur le jardin s'offre aux usagers du théâtre.

Aux abords de l'entrée du théâtre, un vaste plateau libre accueille la foule les jours de spectacle. Cet espace ouvert se veut généreux et lumineux. Il bénéficie d'une large ouverture sur le ciel grâce à la proximité du stade au sud et d'une vue lointaine et dégagée dans laquelle appa-raît l'église Sainte-Geneviève.

L'altimétrie du grand plateau est pensée pour permettre une liaison directe avec la terrasse prévue en toiture de la maison des associations et de nou-veaux équipements connexes à venir.

SIMPLICITÉ ET SOBRIÉTÉ POUR ACCUEILLIR LE PLUS GRAND NOMBRE

Inscrites dans la pente, des lignes de force sont soulignées par de grands bancs métropolitains en béton clair de hauteurs diverses (entre 0 et 65 centimètres) qui disparaissent dans la pente pour s'aligner sur l'horizontalité du sol du grand hall.

À l'image du théâtre, le choix des matériaux s'est fait dans une recherche de sobriété. Le sol en béton clair, en continuité de celui du théâtre, est repris par les murets-bancs installés dans la pente dans lesquels sont disposés les appareils d'éclairage.

Aucune émergence ne vient per-turber la déambulation. L'agencement des assises accompagne les chemine-ments pour proposer des espaces variés, confidentiels ou organisés de manière à accueillir les spectateurs lors de représen-tations extérieures.

UN ESPACE PLANTÉ QUI INVITE À LA TRAVERSÉE

Support de multiples usages, le parvis-jardin apporte la fraîcheur en été. Il offre une respiration dans le contexte très minéral de la place Jacques Carat. Il est généreusement peuplé d'essences rete-nues pour leur rusticité et majoritaire-ment natives du bassin parisien. Des arbres de hautes tiges laissent passer le regard sous leurs houppiers pour confor-ter les vues sur le théâtre. Les arbres en cépées et arbustes sont en formes libres. Les massifs plantés accueillent des mélanges de vivaces élaborés selon leur hauteur et leur intérêt saison-nier. Ils sont composés d'essences rusti-ques aux floraisons blanches et tonalités variées en période automnale. Des feuil-lages fins ont été retenus pour la strate arborée et arbustive afin de ménager transparence et ombre légère.

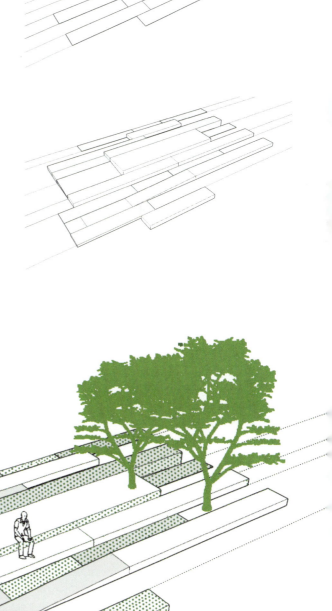

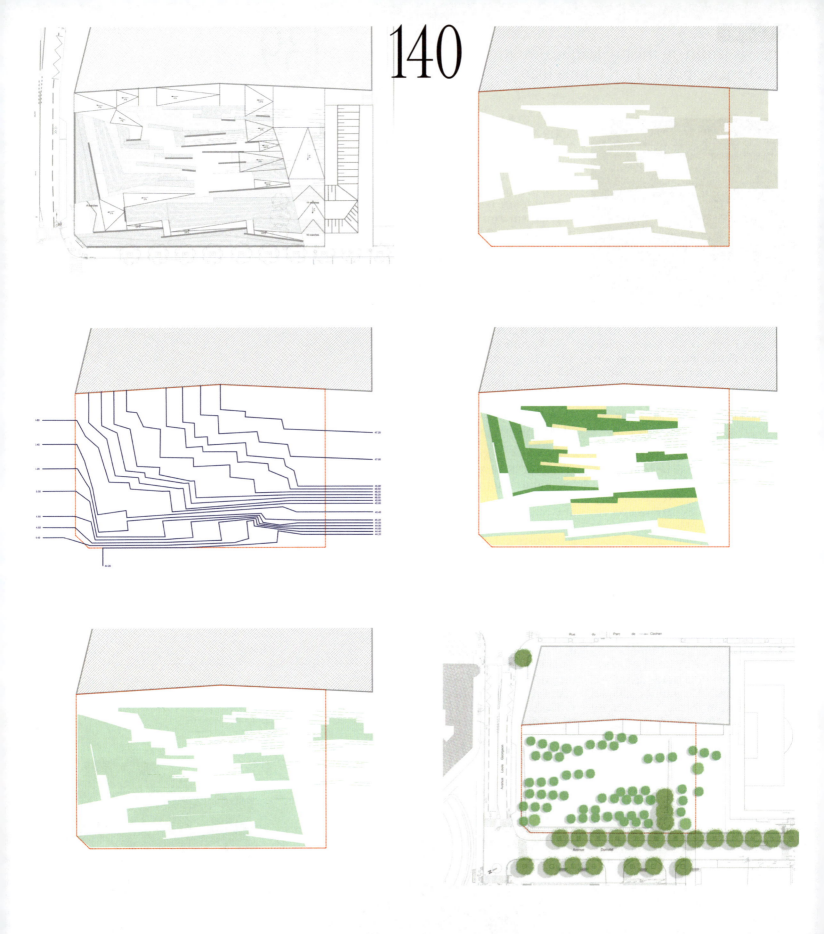

De haut en bas, de gauche à droite : plan de masse, plan des surfaces minérales, plan des courbes de niveau, plan des vivaces, plan des surfaces poreuses et plan des arbres

Vous prenez le papier,
le pinceau avec la colle,
attention de bien étaler la colle
du centre vers les bords,
comme en étoile. Après
vous pouvez y fixer ce que
vous voulez.

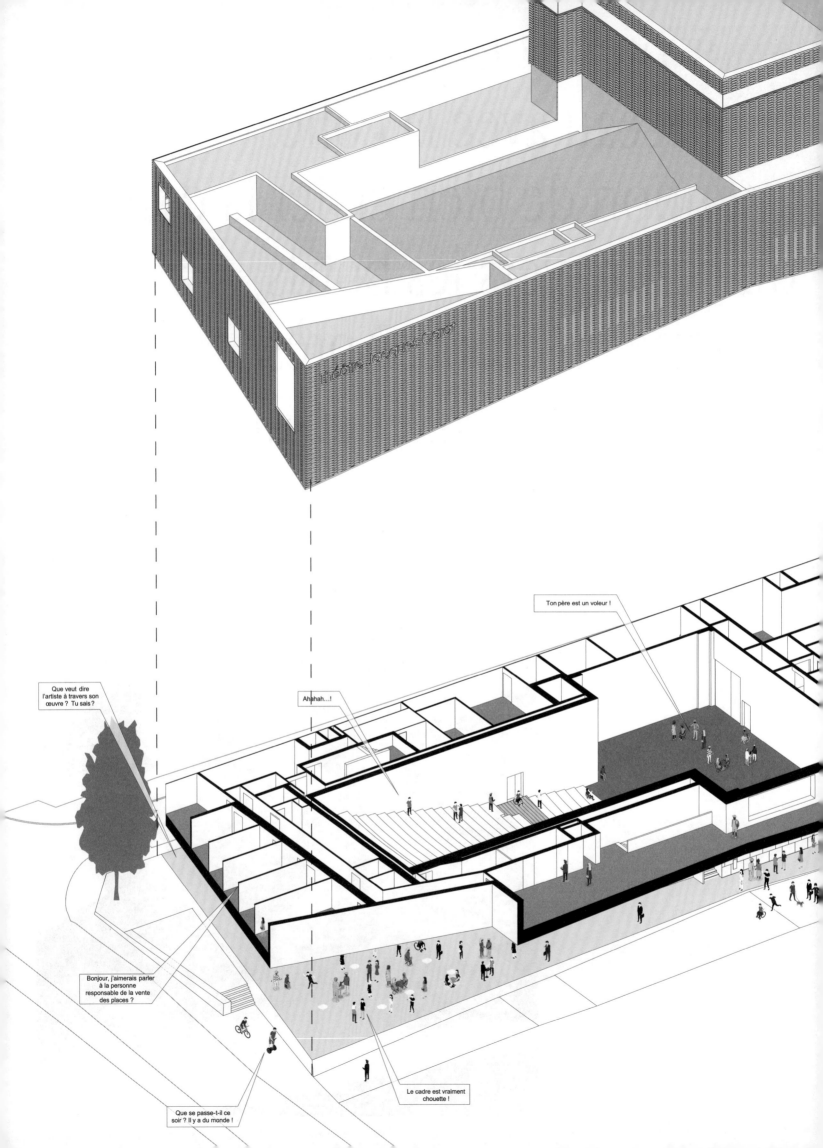

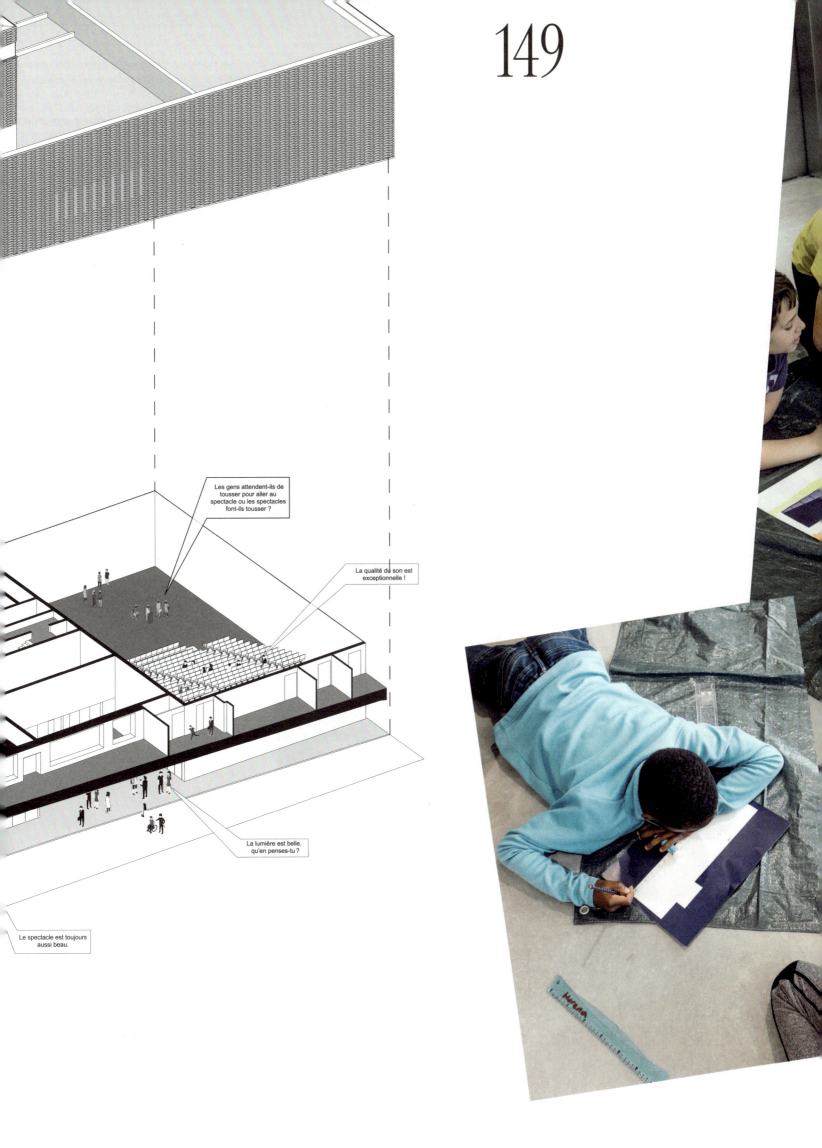

Les gens attendent-ils de tousser pour aller au spectacle ou les spectacles font-ils tousser ?

La qualité du son est exceptionnelle !

La lumière est belle, qu'en penses-tu ?

Le spectacle est toujours aussi beau.

Au théâtre Jacques Carat, se déroulent de nombreux ateliers scolaires animés par des médiateurs du centre culturel. Ces temps de découverte et d'expression artistique sont combinés avec des séances de spectacle inscrites dans la programmation du théâtre afin de sensibiliser le jeune public.

Suivant cette dynamique, le projet de cette publication a déclenché le désir de donner libre expression à ces jeunes créateurs – ici des élèves de la classe de CM1 de l'école élémentaire La Plaine accompagnés par leur institutrice Pauline Dretz – que Rafaël Magrou a rencontrés sur place et conviés à esquisser leur propre imaginaire du théâtre de Cachan.

Alexis Jamet, qui a réalisé des visuels que vous pouvez découvrir au fil des pages, a organisé cet atelier. Durant une matinée, les enfants ont découpé, peint, dessiné et assemblé un contexte rêvé dans lequel ils projetaient le théâtre en réaménageant ses éléments librement pour déceler les espaces et usages qu'ils aimeraient y trouver.

Au-delà de leurs talents graphiques avérés, il s'agissait de leur permettre d'exprimer leur manière de s'approprier l'endroit comme l'envers de cet équipement. Dans la réalité, ils identifient ce qui existe : scènes, sièges, spectateurs, acteurs, spectacles et billetterie ; dans leur imaginaire, ils envisagent : « un écran 3D », « des animaux », « un bar (même s'il y en a déjà un !) », « des boutiques », « des jeux vidéos », « des cachettes », « un trésor »... De belles idées à mettre en œuvre pour l'équipe du théâtre !

Atelier jeune public avec Alexis Jamet, 2018
Illustrations et collages avec Harena, Rigo, Christ-Arsène, Robin, David, Lucile, Inès, Elijah, Benjamin, Ayoub, Océane, Mélissa, Marie-Ali, Lisa, Vanissa, Thomas, Stecy, Elana, Angelina, Mariella, Finoana, Tatiana, Kerida, Manon, Rayan, élèves de la classe de CM1B de l'école élémentaire La Plaine à Cachan et leur institutrice Pauline Dretz

« Ils sont très investis dans ce travail. Plus que pour les mathématiques... C'est bien qu'ils puissent entrer dans le théâtre ; finalement très peu sont venus avec leurs parents. Ça les fait rentrer dans la ville. Ils prennent conscience qu'ils ont accès à ces choses-là. Et c'est important qu'ils puissent voir le lieu en pleine journée, comprendre qu'il n'est pas ouvert que le soir et que c'est pour eux. »
Pauline Dretz (institutrice)

Ateliers de sensibilisation artistique auprès des jeunes publics autour des œuvres accrochées dans la galerie d'exposition du théâtre Jacques Carat

Je suis entré une fois avec mes parents pour un spectacle.

La petite salle est géniale. Notamment son acoustique.

Incursion. Dès 19h, les spectateurs affluent. Ils gravissent la douce rampe menant au hall d'accueil qui regarde l'ouest ; d'autres franchissent la porte vitrée, côté nord. Ils s'adressent à l'équipe de restauration pour savoir s'il est possible de commander à boire et à manger. Visiblement, c'est un rituel de se retrouver ici, de se sustenter avant d'assister au spectacle. Les nourritures terrestres précèdent celles, « célestes », des textes et de la scène. Les discussions des visiteurs s'égrènent entre hall, foyer, restaurant et salle d'exposition, avec des résonances variées. Un piano dans l'angle du foyer renseigne sur la qualité acoustique de ce creux constellé de lucioles. Les épais vitrages insonorisent le flux des voitures que l'on voit glisser le long de l'avenue Louis Georgeon. Le soleil couchant plonge ses rayons dans la profondeur de l'espace, étirant les ombres portées, éblouissant les regards et fabriquant des silhouettes difficiles à distinguer, en contre-jour. La paroi plaquée de bois de bouleau qui enveloppe la grande salle devient *de facto* la façade principale, tant celle qui est vitrée se dématérialise. Finalement, cet espace de restauration fabrique une terrasse intérieure, en dialogue immédiat avec le parvis planté qui précède le théâtre, réalisant un filtre lumineux bienvenu pour les journées estivales. Le rebord de la façade, muret d'appui des châssis vitrés, concède des assises où il fait bon s'installer, adossé au verre, regardant le ciel et son astre brillant. Il fait même chaud dans ce hall illuminé, irradié. On aimerait pouvoir faire glisser ces panneaux de verre et s'installer plein ciel, mais cet abri théâtral est rassurant. Depuis le restaurant, dans cette perspective profonde, accélérée, le long de la façade, l'on voit entrer et sortir les spectateurs qui s'orientent vers l'accueil, les sanitaires, viennent vers nous, goûtent eux aussi le plaisir des papilles. On peut guetter l'arrivée d'un ami, surveiller celle du public, participer de l'atmosphère générale. Dans ce vide qui semble n'être aménagé qu'avec une grande tablée partagée, chacun est installé sur son îlot réservé à l'avance. C'est un lieu à part, un lieu avant la représentation. La convivialité est évidente. Ceux qui ont fini de dîner prennent connaissance du programme de la soirée. *Rafaël Magrou*

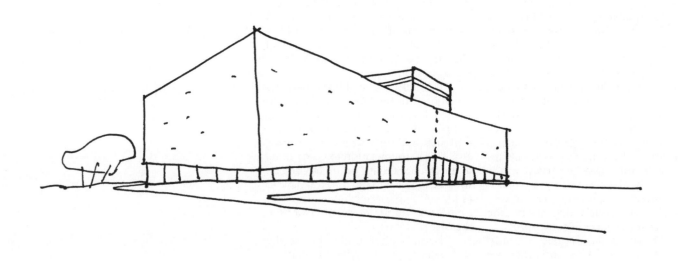

FROM BOOK TO STAGE, FROM STAGE TO BOOK

When a remarkable architectural project is completed, it is common for the client and/or its architects to share their adventure not only with their peers but also with the public, whether it is architecturally informed or not. Often, such a publication combining an essay written by an author and photographs made prior to occupation, is the result of this urge.

For the Jacques Carat Theatre in Cachan, a performing arts venue completed in the autumn of 2017, we envisaged something that is primarily aimed at the people. First of all, an architectural project is a game for players; whether the commissioner—elected politicians in this case—or the designers—here the o-s architects, winners of the competition—as well as the team that facilitates and directs the venue's programming. Secondly, and most importantly, it is not just a work of art but a place that is alive, through the presence of artists who belong in the venue and, of course, the audience which takes over the space.

This book is intended for audiences, loyal subscribers, and otherwise any other readers who are not familiar with the project, or for people who refrain from visiting these places of entertainment, wondering if they have the right to enter. That is because a theatre is impressive. It is a monumental building. Particularly since it is often embodied by a voluminous stage. It is a venue often felt to be reserved for the elite, for informed people, who have culture, despite the dynamic popular theatre of the Glorious Thirties. But above all, isn't a theatre a factory of emotions, turmoil and interaction? Troubled too...

Just as this theatre presents a stone curtain to preserve the mystery of what happens inside, we invite readers to explore these pages as well as these living spaces, to discover, to consider, and to follow the singular history of the revitalisation of the Jacques Carat Theatre. In this way, the book's plot echoes the texture of the theatre's facade, similar to a stone grid, in the weaving of texts, testimonies, overviews but also details, capturing living things, of the intertwining of real or imaginary stories, between constructive realism and scenic fictions, along with the desire to encounter, interact with the actors, or in the appropriation by people in a place that creates connections.

Deviating from the building monograph, this publication is a real project made by several hands and from various viewpoints: from the sensitive and relevant eye of the photographer Cyrille Weiner to the illustrated sketch by Lucas Harari or the atmospheric compositions by Alexis Jamet, as well as, of course, the testimony of the men and women, identified or anonymous, who have created this place and made it somewhere that lives. The theatre opened its archives as the architects of the o-s workshop opened their doors, revealing their approach, the complex processes and steps necessary for the design and construction of this project. Finally, Jad Hussein the graphic designer, created a rhythmic assembly in a skilful interaction of form between the magazine and illustrated book, comic strip and behind-the-scenes tour.

By offering several levels of interpretation, this book is therefore multi-faceted. It resonates with each meeting to bring us closer to the spirit of this building dedicated to the performing arts. This is an invitation to come along to the Jacques Carat Theatre in Cachan. Because to live it to the full, you have to enter and experience a performance, even if only during an interlude or from the edge of the stage.

From reader, to member of the audience, and then perhaps to become an actor! *Rafael Magrou*

160 Interviews
177 Essay
180 Technical's notes

WHY DO WE VISIT THE THEATRE?
BY Arnaud Anckaert

I don't know why we visit the theatre.
Perhaps it is to discover a work of art,
or to see friends, or to share a moment
with someone we love.
Surely we are searching for feelings
or ideas, amazement or love.
We forge memories and contradictory
dreams while we marvel.
Theatre is the art of childhood.
Preserving childhood and allowing
that child grow up is a great project
for a theatre.
And sometimes it can make man
greater than man if the gods are willing.
In the theatre, the elderly come to be
moved or fall asleep, the young are often
reluctant to go because they are afraid
of being bored.
They send messages to each other
in the dark.
But what a bore it is to hopelessly
strive to entertain at any cost.
Good theatre does not take us down,
but it takes us by surprise.
You can't find the spirit of the boards
behind any screen.
We don't come to the theatre to look
for or to find what we see everywhere.
We come to the theatre to lose ourselves,
to renew our perspective by letting
ourselves be moved in the moment.
To see bodies, voices, and lies
that are more real than reality.
Nights lit with tears and laughter.
It's a pleasure, a virus often a plague,
and once that pleasure is reached,
we're not likely to forget.

Artists need places that are protected,
places where transgression is possible,
where risk is controlled.
In this sense, there must be hospitality
and friendliness.
What greater pleasure than to be able
to share a moment after the show
with the audience, to have a discussion
or to have a conversation over a drink,
to tell the story of the journey.
In reality, to meet each other, to see
each other in person.

Arnaud Anckaert is a Director
and Stage Designer. In 1998,
he created the Compagnie
Theatre du Prisme, which
is dedicated to the discovery
of contemporary texts. He is an
Associate Artist at the Jacques Carat
theatre, and in 2017-18, presented the
shows *Constellations*, *Simon le Gadouille*
(young audience), and *Earthquake*
in March 2019. He kindly answered
our question: "Why do we visit
the theatre?"

JEAN-YVES LE BOUILLONNEC (JYLB), who was born in Cachan, is a French lawyer and politician. He was mayor of the city of Cachan from 1998 to 2018.

You were mayor of Cachan from 1998 to 2018, following the terms served by Jacques Carat. A lawyer by training, you joined his municipal team in 1983 as deputy mayor and then became first deputy. You were also a deputy for the 11th constituency of Val-de-Bièvre from 2002 to 2017.

The architectural project of the Jacques Carat Theatre is the result of a political decision that you have taken to its completion. Could you tell us more about the framework and context of this programme?

JYLB Cachan is the city where I was born, and where I have always lived. The whole history of my political, activist, community, cultural, socio-cultural or sporting commitments were initiated in Cachan. It is here that I carried out all my civic duties and that my other national or regional elected positions were forged and embedded. Jacques Carat was a theatre critic while I trained as a lawyer. He was obsessed with the idea of giving the inhabitants of his town a local cultural programme without forcing them to make the journey to Paris. The "Maison des jeunes et des loisirs" in Cachan was strongly imbued with this desire. From the beginning, it integrated the teaching of the dramatic arts, the plastic arts and the music school. Except that the venue was not in keeping with the objectives set by Jacques Carat.

The first major transformational project for it to become a real theatre took shape, with the aim of achieving high standards, whether that be spatial, architectural or, even more importantly, in terms of its stage facilities. Since its inauguration in 1988, the Cachan theatre was built in such a way that made it possible to have a powerful appeal to the people of Cachan and the surrounding municipalities. This was based on a mainly theatrical programme with high-quality productions accessible to different types of audiences. The venue was extremely dynamic with a platform and professional facilities that were also open to non-profit organisations, elementary schoolchildren and higher and university education establishments. The Cachan theatre has therefore forged a fine reputation.

What triggered the restructuring project and extension of the theatre?

JYLB The role of the theatre, whose programme over the past ten years had both progressed considerably and expanded, once again became difficult to reconcile with the venue's capacity. In 1998, when I was elected mayor of Cachan, the venue clearly demonstrated its limitations. In order not to compromise its reach and capacity while expanding its programming to other forms of entertainment, the question obviously arose of its modification. We were already discussing this with Jacques Carat, when he was still mayor, of the need to have

two spaces, two auditoriums to help diversify the performances. In addition, new accessibility requirements were emerging. The theatre was required to respond to these and they required significant modifications. A new venture was born with the inter-municipality of Val-de-Bièvre, which brought together seven municipalities whose elected representatives chose, very willingly, to pool their strong cultural capacities such as theatre programming, music teaching or the development of local cultural facilities. With the Espace culturel André Malraux-théâtre du Kremlin-Bicêtre, the Romain Rolland theatre in Villejuif and the Théâtre de Cachan, a very special collaboration was set up at a time when all our municipalities were developing cultural activities that were spurred by their inter-municipality. It was then up to the urban community to support the city and the municipal cultural centre in the transformation of the existing building in order to expand its programming and improve its accessibility. Welcoming both the public and its actors, musicians and dancers to better-sized spaces in keeping with the high standards that have always been a feature of the teams working in the venue.

You were speaking of this second auditorium...

JYLB We have often discussed this with Jacques Carat. I had the pleasure of accompanying him to the theatre, to see shows, to meet artists, and it was during in particular during these discussions that the project took shape. Jacques Carat was convinced that a second auditorium of a smaller size was needed, both to facilitate the operation of the first in terms of the increasing number of shows that could be scheduled and also to be able to accommodate lighter forms, in various theatrical presentations. For a while, we had the idea to transform an existing auditorium in the city, but technically that was too complicated. Jacques Carat was more particularly focused on theatre, but my taste for music led me to hope that that would be better represented, even though the Orchestre national d'Île-de-France had been giving concerts in the theatre of Cachan for several years, as it was then based in our city. Dance, street arts and many other artistic forms needed to find a better space.

How did the project go?

JYLB To arrive at the current building, I must confess was particularly difficult and laborious. In Cachan, the elected representatives of the community cultural centre had expectations and made demands to which we did not think we could yield. Fortunately, the metropolitan community was committed to really supporting the expectations of its member municipalities. Given the constraints of such a facility, and its situation, we had several objectives to meet.

First of all, this building, which was intended as a place of entertainment open to the outside world, had to respond to an urban reality that had emerged from the Cœur de ville project.

Aerial view: ❶ Sainte-Germaine de Cachan Church, ❷ Jacques Carat Theatre

This urban project, which consisted in giving a real and beautiful city centre to the municipality, was initiated by Jacques Carat in the early 1960s. I made a point of continuing and completing it when I succeeded him. This included the construction of the banks of the Bièvre, the junction towards the theatre to the south by the construction of a large green space along the Sainte-Germaine church, access to a landscaped esplanade in front of the theatre, on the edge of the imposing square which today carries Jacques Carat's name. The aim was therefore to plan the new theatre as part of an urban complex offering a peaceful, rational urban environment, with calm traffic flows, with facilities that foster a sense of shared and well-managed ownership. All these elements complicated the situation and went beyond the simple challenge of expanding the theatre by creating a second auditorium.

Then, the programmatic analysis, the choice of the project manager and the construction site were more difficult than expected. The timing and chronology of the work was also complex, as it was undertaken at a time when heavy institutional and financial constraints were weighing on the choices of elected representatives and it was when the economic crisis was beginning to have a serious impact on the local authorities' scope for action. Our inter-municipality was not spared by the debates on whether or not projects were essential. In my opinion, it is precisely when things go wrong that decisions must be taken to preserve, develop or even create places of education and culture. Our society is overwhelmed by a modernity that challenges us by questioning that which seems intangible. Faced with the need to design a common future, new vehicles are required to achieve an indispensable cohesiveness, for its unity, for its aspirations for ever greater social justice. Culture and education are essential, vital channels that serve everyone, combining different backgrounds, ages, aspirations and inspirations, tastes and talents. We thought that we should complete the process. And I will never be grateful enough to the fellow mayors who supported this choice and so made it possible.

And you must have been very involved with the opposition?

JYLB Yes, but not only that. There are always critics of projects and they are often the same people. Who are always opposed, even when the project is useful and seems beneficial, is unfortunately a part of the usual posturing in political debates. In community life, we must go beyond these pressures, campaigns to misinform, to defend that which has the strongest possible legitimacy, that is in the general interest and face the challenges that go beyond the short term. Today, both defenders and detractors gather in this beautiful building to enjoy a very rich programme. Their presence is a reply that can be savoured, with a certain pleasure, even if it is first and foremost the success of the Jacques Carat Theatre

that most pleases those of us who have led its transformation. The attendance at the venue for this first year of operation speaks for itself: never before has such a high subscriber rate been achieved.

How did the jury choose this project? Did the architectural response meet your expectations?

JYLB Three main criteria were set out in the call for tender.

First of all, to design or refurbish a performance space that requires compliance with very stringent technical requirements and restraints, since it is open to the public and must be able to present quality performances.

Then, given the integration of the two auditoriums and all the necessary adjoining spaces, and all this in a pre-existing building, made it inevitable that a monumental building would result.

Finally, urban integration, on the hillside, had to be respected, serving and even enhancing what existed previously. Here, in the heart of the city, that is not trivial: to be next to a stadium, a church, in generous and distinctive landscaped surroundings, a built-up environment comprising a diverse set of buildings, recent high-quality community housing, in a development designed for city-centre functionality, with a brick facade, which is the material to be found almost everywhere in the area of the City Hall, and which completely envelopes the building.

Design is one thing, implementation is another. Once these issues had been addressed, I would describe this project as architecturally remarkable. Knowing the project since its first presentation, as well as all the constraints, it was in my opinion the best choice. A team of young architects carried it out, against more experienced agencies. With each call for tenders, we include calls —and we are not the only ones to do so—to young architects to give them the opportunity to set their feet in the stirrups. The selected project was the closest to what we had imagined. Some competitors had misunderstood the nature of the pre-existing spaces which they had to use, such as the preservation of the main auditorium or the importance of the technical facilities, or did not take into account the need to preserve workshops, rehearsal rooms or foyers for the various activities associated with the use of this amenity in our city.

After a first season in the building, how do you see the development of the venue?

JYLB We have created a venue that is open all day long due to the many activities that may take place there and the different audiences that it can accommodate. After one year, it is still a place in the process of being broken in. There was a great public expectation, which the delay in the construction work intensified, and the inauguration was a magnificent moment. Since then, the venue has been packed to capacity, the theatre has never welcomed so many visitors. Of course, the team from the communal

cultural centre must find its cruising speed, fully tame the facilities and their potential, maintain its aims, and maintain, by optimizing it, this superb technical tool. A great ambition! And it is up to the current municipal team to continue on the path that Jacques Carat and I, with our teams, have imagined first and foremost for the people of Cachan, and not only for them, but by developing this place to its full potential. A place open to audiences, creators and performers. A place for everyone.

A HUMANITARIAN BUILDER'S PROJECT, SYLVIE CARAT

SYLVIE CARAT (SV) has been president of the municipal cultural centre since 2001.

You are Jacques Carat's daughter, who was mayor of the city of Cachan from 1953 to 1998 and who was behind the original construction of this theatre, the main auditorium of which has been retained as part of the restructuring and extension project undertaken by the o-s architectural practice. Could you explain your father's career trajectory in order to better understand his commitment to culture, and more particularly his involvement in the theatre in Cachan?

SC My father was a passionate lover of literature, poetry and the theatre which he often visited as a teenager, and where he played as an amateur. I even discovered from his diary that he had seriously thought about making it his profession around the age of 19-20. During the Second World War, as a prisoner for four years in Germany, he wrote several collections of poems, a few plays, and even created a small theatre group. After returning from captivity, he collaborated on and then became editorial secretary of *Paru*, the literary magazine founded by Odile Pathé. When *Paru* disappeared, he joined François Bondy, the father of director Luc Bondy, in 1951 to help create the magazine *Preuves*. This review brought together intellectuals from all sides (such as Raymond Aron or Alexandre Solzhenitsyn) engaged in the fight against totalitarianism and especially, during the Cold War, against Stalinism. He regularly wrote the political editorial "L'air du temps" and also theatre reviews. He later followed this by becoming its editor-in-chief.

But his love of art quickly matched his political commitment, with the conviction that culture must be accessible to all and that it is a powerful factor of emancipation. He was elected as a municipal councillor in Cachan in 1947, as a member of SFIO then part of the then ultra-minority socialist opposition. He made himself known locally in a rather forceful way: by daring to defy Maurice Thorez, Secretary General of the Communist Party, he was violently assaulted by his security service. Through chance or predestination, his accession to the mayor's office in 1953, at the age of 33, was the result of a fratricidal opposition between two strands of the right-wing majority in the city council. He was subsequently re-elected 7 times and was mayor of Cachan for 45 years.

In 1968, he was elected senator. He remained in this high office until 1995 and above all, championed culture. He then gave up his journalistic role, to carry out his municipal and national functions. As Vice-Chairman of the Cultural Affairs Committee and rapporteur for the theatre and cinema budget from 1980 to 1995, he defended the fixed book price, an essential reform to protect traditional bookshops, patronage and social security for artists, the protection of artistic property and the defence of authors' rights, and support for filmmaking.

From 1969 to 1986, he was President of the Théâtre de la région parisienne (TRP), whose mission is to guarantee access to high quality performances in the suburban communes. His passion for all forms of creation goes beyond the theatrical field: from 1969 to 1996, he was a member of the Film Control Commission, which approves films; he was also a director of the Cannes International Film Festival and became director of the Orchestre national d'Île-de-France in 1973, of which he became vice-president and then president.

Was he what is known as a "mayor builder" for his city?
SC   Clearly. In 1953, Cachan was a large village at the gates of Paris, torn between a rural past that was still tangible and the first signs of urbanization. The municipality is both old, with traces of industries and crafts dating back to the Middle Ages, and young administratively since its detachment from Arcueil dates back only to 1922. This division was not to the advantage of Cachan, which was desperately lacking in facilities. Everything had to be done and the resources were limited. The fragility of economic sectors constrained the city's finances and building land was scarce. As soon as he was elected, he had identified vacant or poorly occupied land in order to create the land reserves necessary for the implementation of his construction projects. He wanted to "build for the future" "while preserving the past and protecting the residential charm of Cachan".

His first priority, which would remain a major concern throughout his terms of office, would undoubtedly be housing. In 1955, the municipality obtained the creation of the municipal HLM office (for low-cost housing), one of the first in the department. At the same time, the city has a mixed economy, which makes it possible to rapidly launch social housing programmes.

Faced with a fast-growing youth population, important work was being done to expand existing schools and create new ones. The city also lacked sanitary and social facilities. Between 1953 and 1977 (his first three mandates), several centres for children and for the elderly were created.

In 1953, Cachan was a patchwork of back to back neighbourhoods and inhabited areas that did not mix with each other. Major road works would be undertaken to create the missing connections. This harmonization of space would culminate in the development of the city centre with the creation of new housing and economic development, a project that would take more than 15 years to complete. But he was a humanitarian builder, obsessed with the desire to create a living city where everyone could flourish, whether through community life, through sports (with the creation of a municipal swimming pool, gymnasiums, stadiums, etc.) or through culture: building municipal libraries, a music conservatory, movie theatres, a youth and leisure centre… then a theatre!

When did this desire to create a theatre in Cachan come from?
SC   I think that when he was elected mayor in 1953, he had in mind to establish a venue for artistic creation in the city. In 1970, he invited the greatest names of the theatre and the variety scene to the "Maison des jeunes et des loisirs", located in the current location of the theatre. Within these walls, there were official performances of the Comédie Française with, for example, *Six characters in Search of an Author* by Pirandello with Sacha Pitoëff, *Le barbier de Séville* by Beaumarchais with François Chaumette and Michel Etcheverry, *Waiting for Godot* by Beckett with Michel Aumont, major theatrical works such as *Les Parents Terribles* by Cocteau with Jean Marais, *Le nephew de Rameau* by Diderot with Michel Bouquet, *The Guardian* by Pinter with Jacques Dufilho, *Betrayal*, another play by Harold Pinter, with Samy Frey and Marthe Keller, *Le nombril* d'Anouilh with Bernard Blier, comedies or vaudeville such as *Faisons un rêve* by Sacha Guitry with Claude Rich, *Joyeuses Pâques* by and with Jean Poiret, *Comment devenir une mère Juive en 10 leçons* with Marthe Villalonga, *Potiche* de Barillet et Gredy with Danielle Darrieux. A concert by the Orchestre national d'Île-de-France was held there, every year. Jazz concerts such as Claude Luter's in homage to Sidney Bechet, ballets, comedians including Pierre Perret, Raymond Devos, Jacques Villeret, and the greatest names in variety (Georges Brassens, Barbara, Gilbert Bécaud, Serge Reggiani, Charles Aznavour, Serge Lama, Julien Clerc, Yves Duteil, Mort Shuman) have been produced there. That list is far from exhaustive!

It was an immediate success. Very quickly, Jacques Carat developed the

project to expand and modernize the facilities to create the theatre, which was inaugurated in 1988 with Molière's *Le Malade imaginaire*, directed by Georges Werler and directed by Michel Bouquet in the title role. 1988 was a very rich year culturally in Cachan, as it was also the year in which the third cinema opened. The theatre then had a 220 m² stage and more than 600 seats. Very quickly, it established itself as a fully-fledged creative centre in the Île-de-France region and Cachan as a pioneering cultural city.

As for the idea of a second theatre, I remember that it was a dream my father had from the very beginning of the theatre! The success of the first auditorium and the impossibility of hosting certain shows at the cutting edge of the latest stage technologies have confirmed this ambition.

Do you think this new facility fulfils your father's wishes?
SC   It's an absolutely beautiful place! The large auditorium, named the Michel Bouquet auditorium in homage to the actor who created so many pieces in this space, has been completely renovated and brought up to safety and accessibility standards. It is designed to accommodate large theatrical, musical or choreographic performances.

The second room, named after Claude Charasse, a former cultural assistant to my father and one of the driving forces behind the development of this theatre, offers vast technical possibilities and allows for very diverse layouts: bi-frontal and quadri-frontal shows as well as more intimate forms that are a little lost in the large Michel Bouquet auditorium. It is equipped with telescopic stands with 230 seats and 700 standing places.

But beyond these two auditoriums, the new facilities are designed as a real place to be and to support artistic creation. The artists have collective and individual boxes, a dressing room, a foyer to meet and a rehearsal room. The bar-restaurant located as an extension of the entrance lobby, can accommodate more than a hundred people and already appears as a real place for interaction for the audience and between the public and the artists following performances. The restaurant is open every evening of the performances and the bar hosts cocktail parties and small art events. As in the old theatre, but more spacious, the lobby is also an exhibition space.

Finally, the landscaped esplanade in front of the theatre, inaugurated last May, a wonderful meeting place for the residents, completes the creation of this cultural space intended as a theatre in the city open to all.

It has been a year since the Jacques Carat Theatre, adorned with its new robes, opened its doors. As president of the cultural centre, what do you remember about this year? And what would be the elements to be improved or contrived?
AV   The first thing I remember from this year of opening is the enthusiastic

reception from the public. As proof, see the number of subscribers from this first year: 850, which is much higher than the number recorded before the closure for the works! And I was struck by the speed with which the teams took charge of the school and by the way the public took over ownership of the place.

Our wish for the future: to continue to offer ever more ambitious and varied shows at very attractive prices, to develop this lively space by opening, for example, the restaurant—which was an immediate success—on other evenings than during performances, to develop a theatre library—for the moment in its infancy on the first floor—and above all to support the life of this building full of the emotions of the audience.

CREATING LINKS AND FOSTERING TOGETHERNESS, ANNETTE VARINOT

ANNETTE VARINOT (AV)
has been Director of the municipal cultural centre since 2012.

You and your team moved into this new building, the Jacques Carat Theatre, designed by o-s architects, in September 2017 and celebrated your first season in 2017-18. Can you explain how this theatre functions?

AV The Jacques Carat Theatre is constituted in the form of an association and managed by the municipal cultural centre of Cachan, which is also responsible for the La Pléiade cinema. Its role revolves around a diverse programme integrating all the disciplines of the performing arts; creativity with support for artistic groups in residence; and audience development including numerous cultural projects and proposals for interacting with the public. A significant part of the theatre's activity is also devoted to the accommodating communal organisations. Associations, schools and universities, municipal services are regular users of the Cachan stage, which amplifies and reinforces the contribution of the theatre in local cultural life.

We have a team of 15 people to achieve this, who work throughout the season running the venue and welcome the audiences and artists under the best conditions. The stakes were high this year 2017-18, as we inaugurated the new Jacques Carat Theatre building after four years of itinerate programming in different parts of the city.

What are your objectives in carrying out all these activities?

AV We want to address all audiences by offering a wide and diverse programme, and hope that everyone will benefit. We

want to arouse people's curiosity in the discovery of new forms that are sometimes difficult to access. If, for some people the use of cultural facilities seems obvious, it is less so for others.

We also want to make this theatre a really alive space, where people can encounter a range of performances, as is clear from those we are working on with Magali Léris, artistic director [see related interview], and also facilitate interaction with the artists. Whether it's cocktail parties, internships or dinners with artistic groups, we want to create a bond and promote moments of togetherness.

After these four years outside the building, we have an important task to perform for the public by inviting them to discover or rediscover the transformed Jacques Carat theatre.

How do you reconnect with these audiences?

AV We want to address all audiences by offering a wide and diverse programme, and hope that everyone will benefit. We want to arouse people's curiosity in the discovery of new forms that are sometimes difficult to access. If, for some people the use of cultural facilities seems obvious, it is less so for others.

What are your objectives in carrying out all these activities?

AV The reception and public relations team works hard to build this link with the public and relies on a network of key partners to build specific projects.

Schools, socio-cultural centres, associations, conservatories, city services: our partners are numerous and support us in the development of our proposals. Whether it is a simple performance for the audience or participation in more ambitious projects, we strive to reach the public in different ways and to listen to their wishes.

Hosting artists in residence also allows us to work in the region over the long term and to build audience loyalty by inviting them to listen to a reading of a text, to attend a rehearsal, to support smaller forms, to participate in practical workshops. All these initiatives make it possible to discover a work, an artist or a creative world.

How do you plan to bring these different audiences together?

AV In fact, in my opinion, all these audiences form just one single audience, that of our theatre. For me, theatre is about sharing an artistic and human adventure together. My project is to make the Jacques Carat Theatre a real place for encounter, discussion and discovery. And that sense of openness towards the city that the architectural project gives.

In the new project, the old auditorium remains, renamed "Michel

Bouquet", and a new modular auditorium has been built.

AV The Michel Bouquet auditorium has a capacity of 593 people. Its large stage allows us to host major forms of theatre, opera, circus and music. The political drive to create a small modular auditorium now allows us to enrich our programming by presenting singular or small pieces and so establish a different relationship with the set. Some performances also need to be "seen up close" and the second Claude Charasse auditorium offers us a more intimate connection to the stage and the actors. The two venues are complementary in our programming. We are now able to multiply the possibilities for the greatest enjoyment!

You are a small team for a facility that has doubled in size. How have you adapted to this situation?

AV We have created two technical positions to take into account a higher number of performances and the operation of the two auditoriums. To welcome the audience, we have a team of ushers to strengthen the permanent staff. We are in fact few in number. It will probably take us some time to take possession of this new venue and its spaces and find a way of functioning within it. But after four years outside the building, we have been able to adapt to very different contexts and I am confident in the ability of our team to adapt to change. We hope that with this new facility and the accompanying programme, we will have the opportunity to deploy new resources and so strengthen the administrative team, particularly in public relations.

The new facilities offer us great opportunities for development and we want to bring this space to life. We must now inhabit it, dress it, make it warm and that will also take time. With the exhibition gallery, the restaurant that will be open on show nights before and after the performances, the prospect of creating a resource centre dedicated to performing arts and a bookshop on show nights, there is no shortage of ideas and projects.

If we look at the programme for the year 2017-18, all the performing arts are there.

AV Thanks to this new facility and its two auditoriums, we can just as easily accommodate theatre, music, puppetry, various types of performance... following a certain eclecticism, so as to satisfy every citizen's expectations. We would like to present innovative and unique features, surprise and invite you to explore. For this opening year, we have chosen shows that will introduce the public to the versatility of the Claude Charasse auditorium. Whether it is *L'après-midi d'un Foehn*, a "Piece de Vent" created by Phia Ménard, *Simon La Gadouille* by Arnaud Anckaert, an artist who has been associated with the theatre since 2018, *Sur les pas de Lise*, a narrative concert created by cellist Marie-Thérèse Grisenti or the stunning *Histoire de Clara* by Vincent Cuvellier, it has been the perfect way to discover a new musical experience, a show with headsets for which we have pulled back the seating, so as to free up the space for the cushions, are just some of the ideas that I hope will arouse the public's interest.

How do you see the interaction between the theatre and its new garden square, which was inaugurated several months after the opening?

AV   As a result of a public consultation, the garden is part of our opening up to the city, by emphasizing the entrance to the theatre on the square and various access paths. This space also offers us the possibility of creating new interactions with our programming. A stage space has been included and this will allow us to present shows or smaller pieces outdoors.

How are artists welcomed?

AV   We welcome four artists in residence—Leïla Anis, Arnaud Anckaert, Anne Barbot and Magali Léris. Together, we have devised various projects that will involve the public in the various stages of their productions.

Adventure readings, impromptus, company dinners, crosswords, concerts-readings… They are given carte blanche to think of new forms of interaction and offer spectators the opportunity to experience the venue and its different spaces in a new way.

A NEW ADVENTURE EACH DAY, MAGALI LÉRIS

MAGALI LÉRIS (ML) has been Artistic Director of the municipal cultural centre since 2013.

When did your adventure in the Jacques Carat Theatre begin and what was your role?

ML   I was hired in 2013. The old theatre was closing its doors and it was my responsibility to take over the artistic direction of a project that was, of necessity, located outside the building for the duration of the re-construction. However, that was supposed to last only a season and a half… we spent four seasons outside the building. My background is as an artist-director and also as a project leader for audiences which are remote from the arts, and this was identified by Annette Varinot: it was a matter of inviting a wide audience to share a unique, new perspective on the performing arts and to develop initiatives for an audience who would not usually be found at a cultural venue. I launched, with about fifteen partners from the city, the Mad'in Cachan festival with artistic workshops, theatre, video, dance, written work and also puppetry, photography, comic strips, as workshops. For three years, Mad'in Cachan was in different places all over the city, and in particular in the three socio-cultural centres; leading up to the festival in February 2017 many groups of amateur artists were able to show their work: over 300 amateur artists took part in this adventure! During this period outside the building we will have reached out to many people who had never been to the theatre before, and who had never pushed open

the doors of the Jacques Carat Theatre. And I made a programme of small pieces, including a festival of "seul-e-s en scène".

What programme was then in place and in which auditoriums?

ML   These were small scale, up to 190 or 200 people. The shows were light pieces, but of very high quality, with great writers and performers. This experience has shown that all forms of performing arts can coexist in different environments. There was dancing, theatre, circus, storytelling and a great convivial atmosphere. We paid particular attention to hospitality, especially since the venues were not always that comfortable. In winter, we made hot mint tea. The interaction was unconventional, and that's what allowed us to forge closer links with the public and come into contact with many charities. Finally, this dynamic was the opposite of the idea of consumption that contemporary society holds, even in the performing arts. The theatre was all over the city. It gave a welcome and friendly "circus" feel, and a nomadic edge to the whole theatrical team.

When the new theatre opened its doors, what remained of those links to these audiences?

ML   At the opening, the audience remained faithfully and we had numerous subscribers. It was surprising, with more than 800 subscribers for two auditoriums with 597 and 230 seats. It wasn't because the new building is imposing. It can be very impressive for some people. But people are pushing the door, thanks in part to the work done during the period outside the building. Moreover, we are continuing this outreach work by pursuing training and meetings in socio-cultural centres and spreading the message that there are many forms of the performing arts to be explored. In addition, the team knows the audience and can therefore continue to engage in dialogue with them, in addition to the pleasure of the re-union.

As artistic director, how do you choose the shows and how do you design the programming?

ML   I assume that the audience is intelligent. In Cachan, the audience is mixed, with different origins and ages, but they are very demanding and they let us know: they do not hesitate to share their impressions with us and criticise us, inside and outside the building. And as with the outside world they has developed the habit of "seeing up close", they also like meeting and interacting with the artists at the end of the shows. Our audience comes here to see works that gives them the opportunity to feel and reflect. I try to take all this into account.

All the shows chosen, I've seen. This is essential. The team and I spot pieces at the Avignon Festival and I am in a theatre almost every evening of the year, or through knowing the work of artists we follow… We are looking as a team for a balance in the programming by combining puppetry, dance, theatre, circus, concerts, etc.. I choose artistic teams that

I think will inspire the audience, I need passion to come into play, I need to be able to support what has amazed and moved me and I want people to come and see.

I aim for shows of a high artistic level, in all disciplines, that produce emotion and reflection. Some say "popular" others "elitist", I would say "elitist for all" to quote Jean Vilar. Large pieces can be played in the large Michel Bouquet auditorium, lighter and surprising pieces in the small Claude Charasse audito-rium: my idea is to fully explore all the possible configurations of this auditorium and to invite all types of innovation in the field of the performing arts, which is very popular with the people of Cachan.

How do you position yourself in relation to what is available in Paris, just a few RER stops from here?

ML   The public comes here to look for something both special and simple: proximity, in all fields of art...

Paris is not competing with us: since the opening of the new venue, I can finally schedule shows of all kinds that I have seen in Paris and as the audience is not very mobile, they come to see all this "at home". When you programme Camille or François Morel, I can assure you that the audience wants to stay "home" to see these artists!

And when the public discovers in the media an artist who arouses their curiosity, they are very happy not to have to take the RER plus the metro to see them!

Perhaps the outreach we have been providing to the public during the out of theatre period has contributed to an awareness of our programming at the venue, but I believe above all that it is the quality of the artistic programming that wins the support of the public. The principle of working with connected artists such as Anne Barbot and the Compagnie Nar6, who offer means to approach their work, personifies the venue, through wanderings, discussions and meetings, and without doubt also contribute to a healthy public curiosity to see the artists "up close", more so than if they had to go to Paris...

What distinguishes the Cachan theatre from the others?

ML   It is easier to have joyful, enthusiastic feelings, tears are harder to share. For example, Adel Hakim's *Des Roses et du Jasmin* with the actors of the Palestinian National Theatre received a standing ovation. Half the audience came out of there and said "thank you". It was incredible, sharing this story of the Palestinians and Israelis. We try to forge very strong links with the community, offering them high quality programming, welcoming them as best we can and assisting them in the process of coming to the theatre. I think all theatres do that, but since we've just opened, there's a lot of public curiosity about the place. For the public and the team, this remains a daily adventure.

What will the 2018-19 season look like?

ML   This will be the year of creativity! With four companies in residence that will stage new plays, very big shows like *La Traviata*, the collective Les Chiens de Navarre or Maëlle Poésy who will perform *Candide*. The 3rd floor company, composed of soloists from the Paris Opera ballet, will present highly technical dance sketches, but which will divert the codes of classical dance in which they hold the highest degree of expertise. Having this new tool allows these bold creations and proposals. In addition, the opening of the Biennale de danse du Val-de-Marne will take place here, within our doors. The brickworks in Vitry-sur-Seine have been doing this for several years during the construction work, it is now our turn to welcome them. Especially since our new theatre is so beautiful, so big, that we can do a lot of things in many places, on the stage but also elsewhere other than on stage: in the dressing rooms, the rehearsal room or in the art gallery. Some people find the lobby too big: but it can never be too big! With its starry sky, it has very good acoustics, which is ideal for concerts for example. Who knows, in the garden, the esplanade, outdoors... In 2017-18, we presented 41 shows and raised 96 curtains. Next year will be a little less busy—we are a small team—but the intensity will be at least as high.

Un démocrate (Julie Timmerman), 2018

A BEACON IN THE CITY, O-S ARCHITECTS (VINCENT BAUR, GUILLAUME COLBOC AND GAËL LE NOUËNE)

The o-s architectural practice was founded in 2002 and is run by three partners: **VINCENT BAUR (VB)**, **GUILLAUME COLBOC (GC)** & **GAËL LE NOUËNE (GLN)**.

COMPETITIONS

The Jacques Carat Theatre in Cachan is the outcome of an architectural competition, which you won. What do you think set your project apart and made it successful?

GLN The site was partially occupied by the former theatre. The programme was not fixed and rather open about the actual situation. We took a rather radical approach. It was a matter of preserving only that which seemed to us to make sense, particularly the large performance hall, because it epitomized its history and also its financial and spatial potential was interesting. Around this, we designed the facility by combining the other components of the programme, such as the second auditorium, an exhibition space, the foyers and a catering space, with the technical areas, dressing rooms and other services expected in a theatre.

GC From this matrix, we imagined a broad project in which the existing large auditorium and the modular small auditorium are encased by a unifying facade.

VB We were attached to this unifying facade so that one could recognize the building as an autonomous entity. And this is all the more so as it was adjacent to a sports stadium and had no adjoining buildings. We seek a coherence in most of our projects, while other teams have proposed composite buildings, which were more heterogeneous.

Did the programme stipulate the obligation to retain the facade, given the size of the budget?

GC Effectively. Some competitors retained more elements of the old theatre, while we have released it from the connected spaces. We stripped it to the bone to keep only the essentials: the parallelepipedal form of the auditorium with its stage and proscenium.

GLN Including this historic auditorium in a setting without it showing through as such, was our decision. The challenge of the project consisted in making something new out of an existing body, which has a history, a memory, its performances and consequently the public attached to this facility. So economically, it was not possible to demolish it. Obviously, if we had had the opportunity to do so, we would have reviewed the configuration of the existing auditorium, the gradient of its seating, the relationship with the stage, the acoustic arrangements, etc.

VB That would have been another project. We simply refreshed the auditorium, by changing the seat covers, to improve public comfort by repainting its walls to make them cleaner while preserving the original spirit, and by bringing them up to the standards of accessibility for people with reduced mobility (PRM) and fire safety.

GC Absorbing it into the project allowed us to work more visibly on the levels and transitions from the forecourt to the two auditoriums.

In general, performing arts venues are generally defined by the "signature" of the architect together with the scenographer and acoustician. How did you make your "mark"?

GC Particularly by working on all these interfaces.

What do you mean?

GC The aim was to provide a programmatic "plus", a space beyond the programme that would not necessarily have predefined purposes. In this way, we could widen the framework and margins proposed by the programmer, the elected official or the client according to the project. In Cachan, for example, there is a feeling from the exterior—of monumentality, perhaps massiveness—and once inside, a feeling of spatial amplitude.

GLN That also raised the question of the placement of the second auditorium in relation to the first. It seemed obvious to us to locate it on the stadium side and to install a foyer between the two auditoriums that extend towards the city, towards Avenue Louis Georgeon and Place Jacques Carat, following the arched composition of the architect Louis Arretche.

VB The different topography between rue du Parc de Cachan at the rear, bordered by houses, and rue Dumotel with its church, has also resulted in a high elevation allowing access for sets to the rear and open the lobby and foyers to the landscaped square.

GLN Previously, the old theatre was only accessible through a series of storage spaces that were not adapted to current standards. The upgrade of the two stages seemed wise to us to facilitate the transition from one stage to another for the technical teams and equipment, but also on the auditorium side for the public. We wanted to have both accesses on the same level, and in continuity with the garden.

You mention the limitations, but what about the theatrical template?

GC The roof of the large auditorium with its stage formed an upper limit that could not be exceeded. And since the programme statement required a signpost building, it was obvious to us that a single envelope would be required. The stage, an aedicula emerging from the overall composition, therefore forms a tower which, when lit, makes it possible to announce the presence of the theatre.

VB The idea of a signpost building, a beacon in the city, remains in the form.

PROMENADE

In this type of facility, a means of circulation is essential to facilitate both the movement of people and their emergency evacuation. How did you consider this aspect given the small size of the plot you mentioned?

GC We have made movement as easy as possible. The flow had to be homogeneous, both in terms of the public and of the technology.

GLN For the large Michel Bouquet auditorium, we have established two access points, one in the upper section and the other in the lower section, to the courtyard and to the garden. Thanks to this decision, we were able to distribute the audience in an optimal way, both at the entrance and at the exit. But to arrive at this conclusion, we had to study and compare various scenarios, making preliminary drawings, diagrams, and numerous study models.

GC The idea was also to give priority to the foyer and its relationship with the adjacent public space as an external extension. This meeting space is enlarged at the corner of two streets, in direct contact with the Michel Bouquet auditorium, and facing the city, while the unseen volume of the small Claude Charasse auditorium is adjacent to the stadium, since it does not require any access. In fact, the foyer stretches from one end to the other, on the southwestern facade, and borders the entire facility.

VB An important part of our work is to prioritize spaces. This translates into a form of stratification of this idea of interiority by diversifying sequences, spaces, by differentiated spacings, but also by very varied ceiling heights, in order to define each space—whether it is a throughway or, on the contrary, a situation where people gather for information or collect their tickets.

You explain that the theatre faces the city, but you have to use a long ramp before reaching its main entrance, which is certainly centred on the composition of the planted esplanade and the steps that accounts for the difference in height between rue Dumotel and the theatre.

GLN Given the volume of the two auditoriums—with no real room for manoeuvre—it seemed normal to place the ticket office between these two main elements, both because of the distance the public has to move and for the checks that the team have to carry out. Others would have put the entrance in the corner on the street. We have opted for a continuity between the external route, along the facade, and the gradual transparent revelation of the spaces, then of the internal trajectories that are part of this walkway. The foyer of the theatre is crossed like a diagonal interior passage connecting the square to the corner of rue Georgeon and Parc de Cachan.

GC This is why we have created this oblique line between the glazing and the opaque facade, in order to reinforce the surprise factor of this place, this "curtain-raiser".

This spatial design reveals the adjoining spaces, the foyers, the cafeteria, the exhibition space. How did you assess the programme specifications for these components?

GLN All of these elements were in the program, but for the smaller surface areas. Even where the plot is narrow, between the rue du Parc de Cachan and the square redeveloped by landscaper Emma Blanc, we pushed the edge of the building to the boundary of the plot, at the borderline of what was authorized by the local urban planning program. This maximum footprint has allowed us to offer the public—and the theatre team—the largest possible foyer. This volume was not requested as such in the program, but it seemed interesting to us to expand it. And we think that in use, it is appreciated for its dimensions, its proportions and its potential.

VB The foyer is an interesting space, which plays on spatial enlargement and compression. The progression from the entrance to the double height ticket office to the exhibition hall is a sequence of very diverse spatial situations. We have worked a lot on the notion of framing, of relations between inside and outside, and vice versa.

GLN It is also a project of "cuts", on the one hand to adjust the gradients and inclinations of the auditoriums, on the other hand to adjust the different existing levels and recreate the excavated bodies and play with the variable heights.

When did you first build a theatre?
GLN Strictly speaking, this is our first theatre, in the sense of a place dedicated to the performing arts. But we had already delivered a cultural centre in Nevers that includes a black box of a similar size to the Claude Charasse auditorium at the Jacques Carat Theatre. There was already a collaboration with dUCKS scéno [see p. 180] which is linked to the Cachan modular auditorium. The Nevers venue is more dedicated to neighbourhood events, from rock concerts to bridge tournaments. As for the modular auditorium in Cachan, it has retractable stands.

GC We had also made a sketch for an art centre in Bayssan with a smaller auditorium but still enclosed in a parallelepiped rectangle.

VB There have been other experiences in international competitions where we have been mentioned, but in any case, the questions of retractable seating and multiconfiguration of the stage were issues that we had already studied.

GC In fact, the concepts of technique and acoustics were not unknown to us. The Cachan theatre has a very diversified programme (theatre, dance, music, circus, etc.) With dUCKS scéno, we were ready to take up the challenge, even if we didn't make the big auditorium.

WORKING METHODS

So how did you go about this theatre project in Cachan?
GLN We begin, as in each of our projects, with brainstorming sessions.

V.B. The four of us, Guillaume, Gaël, our collaborator and myself, meet to discuss the many scenarios. Then, one of us takes over the file with our employees as a team at the agency.

GLN During the research phase, we can work through all possibilities until they are exhausted, through many models, each very different from each other: on the general form, architectural and urban, on the interior design, or on the materials and textures. So choices, orientations, decisions are made. Competitions are often a time for sharing, discussion and production. This is where we get the best answers to the questions asked. Guillaume makes sketches while Vincent makes models, for example, each to his own metier of expression and spatial resolution.

GC It is not an a priori method, but a way of having discussions with each other and searching through various media for shapes and projects on which we can approve of collectively.

Is there a division in roles as is often the case in architectural firms?
GC In a way, but it is not an absolute rule. Gaël and I focus more on the study phases and Vincent on the site and the implementation. But when it comes to competitions, we all look at the programme and the site together. We listen to each other a lot and we do not hesitate to rethink everything if one or the other has a compelling argument. There is no hierarchy.

GLN The goal is always to find the best answer in site-program-intention chemistry.

GC Each idea that emerges from our discussions gives rise to a drawing, a model, to test its accuracy and relevance.

VB And if one of us is more comfortable with a particular program, he may spend more time there than the others. But the idea of sharing is essential in our trio. Allowing these cross-dynamics is what makes the job interesting. They feed each other. This is part of our practice of "working together", which we translate into our projects as "living together", if it is for a housing project, sometimes with shared common spaces, or here in the Cachan theatre, with its foyers, which we have envisaged as particularly generous.

RELATIONS BETWEEN CONTRACTING AUTHORITIES, PRIME CONTRACTORS AND USERS

In an architectural project, the relationship between the architect, project manager, and the client, the project owner, is essential to the quality of the project. How was that relationship?

GLN The organisation has been quite complex. It goes beyond the microcosm of the agency, because our project management was polymorphous. In practice, decisions were taken by the urban

Overall volumetry model

community, which financed most of the project. It was the real decision-maker. But the mayor [Jean-Yves Le Bouillonnec, until 2018, editor's note], was a major player. He provided guidance to the project, undoubtedly because of his connection to former mayor Jacques Carat, whose name was chosen for the theatre. Then there were two-way calls with dedicated associates and it was up to us to make the connection, which required a great ability to adapt and listen. Each approach is unique, depending on the people you are dealing with. For this project, it was more complicated than usual.

What about the relationship with prospective theatre users?
GLN We responded to a competition, which does not imply a meeting with users before the project. It is up to us to assess these requirements, building on the programme, exceeding expectations, highlighting other dimensions, formulating new proposals. So certainly, our options, our choices could not satisfy everyone. Not to mention the economic knot of the project that demands priority and sometimes strips a project of its elements—which was finally not the case here.

Has the project changed significantly between the competition and the completion?
GLN Not much, with the exception of the basement, which was an issue since, with the boxes, the spaces created in the basement made it possible to accommodate the theatre-associated activity rooms —rehearsal spaces or spaces dedicated to other types of performances that did not require the use of one of the two theatres.
GC Once the winners of the competition have been chosen, there is a chance for change in the dialogue. The discussion with the parties, contracting authorities or users, provides an opportunity to clarify specific points. The theatre team understood the essence of our proposal and supported us in keeping it in spirit.

TEXTURAL MATERIALS

How did you foresee the material aspect of the facade?
VB In Cachan, brick is predominant. Just look at the town hall, magnificent with its belfry, but also at the various adjoining buildings, such as those in the heart of the city designed by Louis Arretche, which looks towards the theatre's site. It is also a material found in the outer ring of Paris, whereas the capital is more commonly built in stone. It was not a question of taking up this motif directly, but more particularly of making a form of braiding, a little like wicker work. The pattern that was used appeared in the first drawings and sketches that we made.
GLN Not much has changed between the images for the competition and the constructed reality, although we had to make several tests and trials to achieve the desired effect. In the end,

Installation of moucharaby on the building site, 2016

we presented the most uniform project in the articulation of the facade. We were looking for a relationship between the size of the building and the module, to break the monumental effect of the constructed mass. At the same time, we tried to express a lightness form, through the floating of this mass above the ground, with this elevation; finally, we wanted a material that evokes the idea of continuity, of durability.

At what stage was these materials found?
GC Very early. During the competition, we made several models to find the right proportions of the modules and simulate the rendering of this pattern. We created a base component that is twice as large as a traditional brick. The company made suggestions that we use fireproof stone with an installed weight of 150 kg/m^2. The assembly technique studied made it possible to quickly install the components. To do this, the building and all facade modules were completely modelled, which allowed us to control the geometry of the whole.
VB To be precise: each visible module is not fabricated in the same way as the others, this is a series of several prefabricated modules then hung from the concrete wall. This involved drawing many details, such as corner pieces or high or low edge pieces, with right-angled or bevelled pieces.
GLN The relief of the facades catches the light, bringing out the material. This model made it possible to integrate, emergency exits, ventilation, fire or smoke ventilation systems, without their being visible.

So they're not bricks, but they're not terracotta either?
VB These modules are close to concrete. More precisely, it's stone powder—a mineral material—mixed with aggregates and poured into moulds

specially made for this building. In all, there are more than a thousand elements here. As I mentioned, these are specific pieces because the angles of the theatre are all different. The modules are hung on the facade like stapled stone.
GC The conceptual approach was digital, through computer models, but the elements were manufactured by a family company based in Portugal, near Porto. This allowed us to go further than if we had worked with a major construction company. Through our dialogue with this small company, we were able to develop the elements and the principles of both assembly and hanging. Finally, we followed an artisanal approach, which also brought a singularity to the project: the human dimension.

So it's reconstituted stone, but how did you define the grain, the texture, the hue?
GLN We developed many samples, about thirty in number, and several 1:1 scale prototypes were made. They were left in the courtyard of our former agency, exposed to the open air and subjected to rain, allowing us to measure their durability. For the tone, we wanted something clear, warm but not white, because that would be too bright. Some may think that we have borrowed from the Cachan environment. But since this building was autonomous, there was no question of mimicking or copying what was already there.
GC Look at Arretche's project in front of the theatre: its tone is more pronounced. The prevailing idea was to combine a texture similar to stone or travertine, a traditional and durable material, but with a contemporary interpretation.
VB With regard to the evolution of the material over time, it should be noted that the shape and assembly can lead to colour differences. The reliefs and hollows which come about in this way make it possible to absorb any of the marks of

time. However, each module has a slight gradient to allow rainwater to run off. It has now been more than two years since these facades were delivered and for the moment, nothing has changed about their appearance.

MONUMENTALITY

Passers-by and people from Cachan often underline the monumental nature of the building. How did you find the balance between the programme and its architectural expression?

GLN Its monumentality, if it is perceived as such, is fully embraced. We offer an inner space that can integrate many forms—that extra "plus" space we talked about at the beginning. For us, there was no question of designing a building that would express a functional outdatedness, but on the contrary to offer flexibility, a field of possibilities. Finally, between the durability expressed by the facade and the proposed flexibility inside, there is a certain contrast, which we wanted to develop.

GC Monumentality was our choice, but obviously we leave it to the free interpretation of users, visitors, and spectators.

VB The programme is essentially in place. There is the existing large auditorium and the black box, the small modular auditorium which we had to add to it, and all the related spaces. These programmatic elements—the theatres—are very monolithic, not very open, if not blind, in order to be able to allow for darkness inside and achieve the desired theatrical intensity. Our work consisted in organizing this opaque mass and making it attractive to the public and passers-by. The opacity of the facade is up to 80% in this project. Instead of making simple openings, we opted for a continuity of the facade texture, open worked where there were windows, thus making claustras, or moucharrabiehs. It is both an architectural (spatial) approach and a volumetric and material one. The verticality of the stage is a beacon, the visual transparency in the elevation of this stone-like envelope, allows the ground to extend between outside and inside, and vice versa. Thus the passer-by becomes a visitor and then a spectator, without any break in the type of the ground's surface.

How did this elevated form of mass come about? You mentioned earlier "a rising curtain"...

VB When we sketched this project, we had in mind the works of the Brazilian architect Lina Bo Bardi such as the SESC Pompeia in Sao Paulo, the Paulist school of architecture of his countryman Vilanova Artigas or the works of the Portuguese master Alvaro Siza with his play with geometry and folds. This elevation was intended. Obviously the image of the stage curtain immediately comes to mind because it coincides with the programme, but what we needed to find was a continuity between the

exterior and the interior. This inflection of the facade, the mass that touches the ground without touching it at the western corner: all this is part of this dialectic.

GC From a technical point of view, it is actually the pre-existing auditorium, with its reinforced peripheral walls, that supports this suspended mantle. It is support of the entire spatial organisation and also of the structure of the whole. These essential components of the programme play a structuring role in the implementation of this architecture. And from a metaphorical point of view, it seemed interesting to us. Thus their inner envelope can already be seen from the square, the garden and the street.

GLN These structural efforts are not shown or exhibited at all. Everything depends on the invisibility of the device. There is something that levitates but the visitor does not know why. A slight disorder may exist, an impression, a sensation. A bit like magic. Like in the theatre. It is also an invitation to enter the theatre and it allows for the modulation of light according to the spaces.

VB Of course, the effect of this curtain is symbolic, almost literal, but it opens onto the context, very diverse, making viewpoints, allowing interchange, or even making an arc, depending on whether you are on the planted square, or on the technical or lateral rear side with the stadium.

STRUCTURE

Can you explain how the whole thing works?

VB Architects or engineers would grasp the nature of this state of equilibrium, or at least see how it's done. That is not necessarily true for the public experience of the space. They cross it, use it without necessarily trying to understand how it is made. They cross the space and do not realize what is involved. Especially since, as Gaël said, our intention is not to make it ostentatious. In fact, they are called curtain walls, i.e. high-rise beams that connect the inner load-bearing walls to a suspended, cantilevered envelope. The efforts to rebuild the facade are entirely brought back to the centre of the building. Loads are transferred successively from the facade walls to the interior walls and finally to the central core of the sanitary block. This implementation is the result of a collaboration with our engineer Pierre-Olivier Cayla de Batiserf with whom we developed several scenarios before reaching this form. The objective was not to have a visible carrier point. These are the internal volumes—auditorium, toilets, etc.—that support the peripheral walls.

GC Apart from the concrete visible in the inner face of the peripheral mantle, the materials applied to the inside of the

Three months before the opening

volumes continue this cladding theme, such as the mirrors or birch panels that adorn the lobby and foyers.

GLN In the lobby, above the reception desk, polycarbonate panels have been assembled to suggest that something is happening behind them. The material reveals itself as Chinese shadows, never revealing all the mystery. We deployed a metal grid as a reminder of the stage's technical grid, from the ceiling in the foyer spaces. The whole project lies in the way in which the different materials of the place are expressed, revealed and unveiled.

But then why the choice of concrete when you could have used plasterboard with the same steel structure?

GC The choice of raw concrete—even if there is a great deal of steel within, and the reinforcement is substantial—allows this idea of mass to be expressed as floating. Moreover, it is much more interesting acoustically speaking, whether as isolation from external noise—we are near busy roads—or for internal resonance. By developing a double or even triple height space in the foyer, we've created a private room, with clearly well-appreciated acoustics.

VB Our intention was to allow the public to perceive the space differently, to go beyond the mere sense of sight, by engaging hearing and touch, for example.

GC Concrete is a material with which we work a great deal. It calls for constructive measures that we highlight most of the time.

MODULAR AUDITORIUM

You have created this theatre from the existing auditorium, to which a second auditorium is attached. Could you tell us about the characteristics of this so-called "modular" auditorium?

GLN This is above all a team design between the set designer, the acoustician and us, the architects. Important work in cross-section was made in order to find the right proportions, arrange the seating, establish the visibility curve, the height control, as well as the relationship and continuity we were talking about with the upper and lower foyers, which are both accessible to people with reduced mobility.

VB he procedure is very detailed in the programme, with guidelines to follow, that are acoustic and visual, scenographic, and so on. And it was the feedback from our partners that allowed us to design this modular auditorium or black box.

GLN Total versatility was required in this type of auditorium. Most of the time, the seats remain unfolded in a frontal configuration. In Cachan, after a first season, several arrangements have already been tried, such as completely clearing the seating area from the auditorium to install cushions (see *Clara's story*, p. 49). Obviously, the artistic team really needed this auditorium, in order to programme shows that the large auditorium cannot accommodate.

There is this particular texture to the walls, like mineral ripples. Most of the time, in a theatre, the architect "signs" his work with a texture, a tone or a combination of both in the auditorium, to better establish that. What defined this texture and what is it used for?

GLN These are concrete walls whose pattern was moulded in dies that allowed prefabrication and then on-site assembly. This mineral material is interesting from the point of view of its reverberation, but also in the way its mass soundproofs the space. It is a box in a box, with peripheral structural walls, a void and interior walls whose pattern plays an acoustic role. And the undulations were designed with the acoustician both for their aesthetic aspect and for their ability to absorb or reflect sounds.

GC In addition, since concrete is very resistant, it ensures the long-term operability of the auditorium in view of the very diverse activities it can accommodate.

VB On the question of "signature", for us, it was not a question of setting any seal, but rather of making concrete a space that is the receptacle for scenic experiences as well as be the support of specific creations. The only spatial signature that could be identified would be the fluorescent lighting layout, at a particular rate, but few people look up to look at these details that may only be of interest to architects.

GLN It should also be noted, with regard to the programme, that we have designed

a auditorium slightly larger than the one requested, with lateral accesses along the stands. This makes it possible to turn around comfortably and install wings all around the perimeter, which is often very popular with artists.

In short, how would you define your approach to this project?

VB All the work on interstices perhaps characterizes the specificity of our approach, between the auditorium and the seating, the auditorium and the stage, the auditorium and the foyers, etc.

GLN And the desired fluidity between courtyard and garden, as well as the possibilities of creating a show in between: from the lobby to the foyers, through the exhibition space, to the lower level boxes, the upper foyer, or the square in front of the building.

CONSTRUCTION DEADLINES AND INAUGURATION

In concrete terms, the work took longer than planned, which imposed a larger than expected exterior programme. How do you explain this delay?

GLN The project involves a longer time frame for its completion and it is essential to plan beyond the construction period. Many generations will come to see shows here. For the completion of the project, it is better to extend the construction period rather than tighten a schedule that could lead to defects. There is of course an inherent economic reality to the project, imponderables and also unforeseen events. The parties involved have changed, some changeovers took place.

GC Then some companies may fail because they are exposed to a very tough market. Here, there was the need to take into account the very high groundwater table, as well as the discovery of asbestos in the existing theatre, requiring special treatment that slowed down the progress of the work.

VB It must be seen to be more than just a building, it is a prototype. Each architectural project is unique and constantly requires us to reinvent technical mechanisms, to adapt to a context, a programme, a budget. Often, site schedules are difficult to meet because each case is different.

GLN We are not in an industrial construction chain as is the case for cars, for example. And even if we have become accustomed to these specific situations, our counterparts were often disrupted by the need to adapt to the different stages involved in the construction. Of course, most of our projects meet the deadlines, some are even completed before the deadline. Here, the unexpected has shifted the opening date.

Opened at the beginning of the 2017-18 school year, a year ago, the Jacques Carat Theatre completed its first full season. The garden square designed by landscaper

Emma Blanc was completed in late spring 2018. How, after this long process of design and implementation, do you now see this resource you have developed?

GLN We see the place evolving. The team has appropriated it in its own way —not necessarily as we had imagined, it is now its own "place". We come to see shows and carefully monitor the audience's reactions, both for the shows and for the building we have designed for them. It's amazing to see this theatre alive, pulsating, resonating.

GC The images that have left their mark on me are, for example, the kids running in the foyer at noon; the way everyone occupies the spaces.

GLN There are amazing experiences such as having the cushions in the modular room for a headset show. I've never seen anything like it before.

VB It is rare for an architect to be able to enjoy these moments. For example, in a housing project, the architect does not always have the opportunity to return to see how the inhabitants have organised the spaces. We are curious to see the creations that can emerge in the foyer spaces, which we consider as a stage space in its own right.

GLN In any case, in this specific programme, there is a certain commitment to what has been put in place and the desire to realize its potential. From designers and builders, we now find ourselves in the position of being spectators, a little unusual certainly, but able to amaze us just as much as the public who come here to enjoy the experience.

THE CACHAN THEATRE BY Jacques Lucan

Jacques Lucan is an architect, historian and architecture critic. Co-founder of the Architecture School of the City and Region at Marne-la-Vallée, he was also a professor at the Federal Polytechnic School of Lausanne (Switzerland). He is the author of many books, including his most recent: *Précisions sur un état présent de l'architecture* published in 2015 by the French polytechnic and university presses. He offers his expert opinion on the architecture of the Jacques Carat Theatre.

The old Cachan theatre was a diverse building: the mixture of its different components around the auditorium gave the impression of having been built over time, or of having being pulled together without any attempt at architectural harmony. At the very least, it was a strange and undoubtedly unintentional composition, a collage that might not have immediately evoked a concert hall if it had not been for the inscription above the cylindrical volume of the entrance, that said "Théâtre de Cachan".

How to proceed with a project that renovated the retained performance hall (with its upgrade to current standards), the creation of a new modular auditorium and the facilities that accompany it, and the provision of new ease of use, both for the actors and for the audience, who must be able to find here what any contemporary theatre must offer: public spaces for hospitality, relaxation, and the possibility for various activities, and more?

The project could only be a real metamorphosis of the old Cachan Theatre, even if this metamorphosis involved a complete reconfiguration as a new entity. Reconfiguration here therefore meant literally giving shape to what can now be called Cachan's new theatre.

The form would be parallelepiped, to which only the necessary volume of the stage would be added. It is a unitary and unbreakable form; it cannot be separated into several distinct parts: no possible division is visible, which makes it the antithesis of the unintentional collation of the old theatre, and makes the new theatre an institution in the city, one of its contemporary public monuments. But the form is endowed with subtleties

of cut-outs, which make it respond in particular to the demands of its urban environment and so becomes part of the fabric of the city.

The base of the parallelepiped is a rectangle which, being distorted, becomes singular. This irregular quadrilateral has only one right angle, located at the most obvious point, at the end of Parc de Cachan Street, bordered by residential pavilions, where there is no need to create an "event".

Together with the other three angles, the singularity of the quadrilateral matches the urban situation of the building. Two sharp angles form the reversals of the long main entrance facade, the corner near Avenue Louis Georgeon being accentuated as if to mark the theatre's advance towards the urban space and the centre of Cachan. Finally, an obtuse angle spares a beautiful tree, at the same time as making a smooth transition from avenue Louis Georgeon to rue du Parc de Cachan.

The overall geometric system is completed by a pleat. This affects the longest side, the main facade of the theatre. With its discreet concavity, invites the visitor to enter. It therefore contributes to the fundamentally public character of a building that faces the garden in front of it, but a building that, from Avenue Louis Georgeon, is approached at an angle and then longitudinally, which tempers its monumentality.

The pleated long facade entry to the theatre creates a path that I would say is made manifest through its three-dimensional nature. Indeed, from Avenue Louis Georgeon, a low sloping ramp takes us to the point of the pleat at the same time as to the podium which horizontally supports the parallelepiped. But still, the parallelepiped is indented in its base and the inclined upper line of this indent follows, to a greater degree, the slope of the access ramp. This concordance or discordance, which is experienced "on the move", thereby renders the architectural logic of the theatre physically perceptible. It should be noted that the placement of the entrance itself, a little beyond the pleat of the facade, while obviously functional, reinforces the effect of the external path, a path that will be reversed and continued internally.

If the reception lobby is naturally located at the entrance, between the two auditoriums, the route, reversing itself, once again runs along the inside of the facade. The indent then closes in as it progresses towards the theatre's foyer. At the corner of Avenue Louis Georgeon, the latter vertically unfolds its space and presents the strongest of contrasts: the highest point of the interior volume corresponds to the closest point of proximity to the horizontal floor of the podium. At this angle again, the podium floor is above the ground of Avenue Louis Georgeon and its pavement, as if to indicate once again and surreptitiously that we are dealing with a public building.

All the above-mentioned functions contribute to the unity of the building and, at the same time, to the complexity of the relationship between the interior and the exterior. All architectural decisions are articulated and linked without ever questioning the uniqueness of the project.

As a farsighted, and urban fact, the parallelepiped results in the suspension of the solid above the indent of the void, in the contrast between the volume of light tonality and the dark indent. For the form to be manifested as unitary and unbreakable, the volume of clear tonality must have a homogeneous appearance - this is conferred by an identical and continuous envelope on its four sides

In the Cachan theatre, the envelope is like a fabric whose fine weave is drawn by the relief created by what could resemble repetitive brickwork, but which is implemented at scale, with prefabricated panels whose joints are not discernible, except to those who would only wish to know its constructive rational. The texture of the envelope and its modularity analogously evokes the geometry of the brick walls so common in many buildings in Cachan, including the very beautiful town hall built in the 1930s.

The fine weft of the envelope fabric has a tactile depth that counterbalances the affirmation of the parallelepiped. It produces a vibration of the surface that visually lightens the weight of the greater volume and suspends it airborne. The wall thwarts gravity and does not shy away from subtle variations, especially when it opens up on the floor of the clear spaces of the two performance halls, without losing its continuity as a result.

Ultimately, the Jacques Carat Theatre presents an astonishing depth of field, between the parallelepipedic installation and the multiple repetitive modules that constitute the texture of the envelope, between what is perceived from afar, in the distance, and what is perceived as the viewer approaches, when that view is lost... like in the theatre.

STRUCTURAL ENGINEERING
A building to be renovated
BY Pierre Cayla, Batiserf

Batiserf is a structural design firm dedicated to servicing architecture which contributes to new buildings and the major restructuring or restoration of listed buildings. Acknowledged by the numerous architects with whom they collaborate, they aim for innovation, as can be seen from the examples of structures such as the Freyming-Merlebach theatre (Coulon & Associés) or the amplified music room of Évreux (Hérault & Arnod architects).

Initially the "Maison des jeunes" (1965) transformed into a theatre with extensions added in 1988, the Jacques Carat Theatre mainly housed a large auditorium surrounded by activity spaces and circulatory areas. In order to renovate, extend and bring it up to standard, it was necessary to undertake:

• the complete demolition of the existing main building of the entrance lobby and exhibition gallery, changing rooms and dressing rooms, essentially preserving only the large theatre auditorium and the stage and basement;

• the reconstruction of the existing building, which forms the area of the current renovated theatre auditorium;

• the completion of the perimeter extension to the existing building, which has been conserved and renovated, on the ground floor on level –1, which is partially enclosed, including the area of the new integrated auditorium on the ground floor and the rehearsal room on level –1.

THE DESIGN OF THE STRUCTURES EXTENDING THE AUDITORIUMS AND THE LARGE ACCESS, RECEPTION AND EXHIBITION HALL

The structural design takes into account the intrinsic aspects of the programme and its architectural and functional features.

On the one hand, the large reception lobby on the ground floor, with its exhibition and catering areas and above which are located the administration's offices. On the other hand, there is transparency towards the exterior to integrate this building of life and culture into the city.

In line with this idea of easing walking and meetings, a structural solution was proposed that does not require any intermediate load-bearing points in these ground-floor spaces. In this way, it reflects the importance of the relationship between the interior and exterior, and no vertical structure is built into the facade.

For the large functional superimposed volumes of the rehearsal space (on level –1) and the second auditorium (on the ground floor), the design had to also include large span floors and sub-frame structures.

These factors led us to choose a vertical concrete main frame composed of sheets, beams and curtain walls. They form large multidirectional frameworks connected to the different levels of reinforced concrete slab floors poured in place that transmit loads to the bracing cores in the heart of the building.

In addition to the extreme rigidity that this type of framework confers on the structure, which guarantees controlled behaviour allowing the installation of heavy stone-like facades, this option makes it possible to meet the sound insulation needs that are particularly important for this programme which is located in urban centres.

THE ORGANISATION OF THE STRUCTURE ABOVE THE LOBBY

The entire cantilevered volume supporting structure rests on the central inner core which integrates the volume of forced concrete sheets (0,7 and 0,3 metres) forming a rigid block based on piles. The main structures on the upper levels (fl+1 and fl+2) are composed of two large in-situ reinforced concrete sheets that extend beyond the ground floor block to create a first cantilever of approximately 4 and 5 metres, respectively to the northwest and southeast. At the ends of these two structures, perpendicularly, other walls are hung and overhang in large cantilevers from 4 to 8,5 metres towards the main facade and 5 metres towards the rear area. On the north side, another framework generates an additional corbel of about 4 metres to provide intermediate support for the main facade.

As a result, this configuration systematically balances itself on each side of the rigid ground floor block. However, the lack of symmetry of the whole and the slatted configuration of a structural element lead to a need for straightening which is obtained by loading the vertical circulatory conduits (stairs and elevators) placed on either side of the large conserved and restored auditorium. The transmission of forces is carried out through the floors, which form a set of horizontal beams.

In fact, connected to the ends of the cantilevered supporting walls, the reinforced concrete envelope of the main exhibition and reception volume has "suspended" facades. In addition, the apparent overhang of the structures between the rigid support block and the farthest end of the facade is 16 metres. However, the load follows the load-bearing structures that support the assembly extending over lengths of 23 to 25 metres.

CALCULATIONS

The Batiserf design office carried out the calculations for the project management using a manual approach supported by a three-dimensional modelling of the whole project. The CAMUS design office, while responsible for drawing up the reinforcement plans, also had the task of calculating the structure, this time using a manual, component-by-component approach, using the results of the three-dimensional modelling used by the project management.

A good understanding in the analysis and comparison of each other's calculations allowed consistency and continuity between design and execution, guaranteeing overall reliability.

A FRAMEWORK UNDER CONTROL

We suspect that such reinforced concrete frames have required, in addition to the development of calculations by our design offices, requirements for reinforcement in the structure. A meticulous and rigorous follow-up and inspection was carried out for the installation of the reinforcements. The company has of course implemented a systematic self-monitoring system for these reinforcements, making it possible to ensure that the steel placed in the formwork comply with the agreed execution plans.

In addition, we have defined the procedures for the progressive removal of supports, in order to monitor the micro-cracks appearing in the structure during loading, and the implementation of a means for monitoring these deformations over a long period, according to the main principles of observational procedures.

The checks were supported by a monitoring of the micro-cracks in the reinforced concrete structure. The orientation and position of the cracks in the structure very clearly reflect the stress path in accordance with the expected changes. In short, these cracks demonstrate the proper functioning of the structure.

SCENOGRAPHY
The second auditorium in the Cachan theatre
BY Pierre Jaubert de Beaujeu, dUCKS scéno

Founded by Michel Cova, dUCKS scéno is a dedicated scenographic agency for performing arts venues. The firm has collaborated with many architects and has created multiple theatres and auditoriums such as the Philharmonie of Paris (Ateliers Jean Nouvel and Brigitte Métra Partners & Associates) or Hamburg (Herzog & de Meuron).

This was the programme title, version 7, 17 July 2011. But it was the «second auditorium» that led to the redefinition of the whole theatre. The programme included a series of requirements that ultimately led to the complete reconstruction of the urban setting of the venue.

To meet this ambition, to be equal to the needs, cultural quality and diversity of the performances on offer, the new theatrical space had to meet challenges that went beyond the usual needs, while maintaining the pertinence and legitimacy of the technical, artistic and administrative teams' roles and giving it a new lease of life.

This was one of our first collaborations with o-s, and we launched the competition by clearly communicating to the architects the particular importance of our technical expertise and experience in the design of theatres, emphasizing the proper interplay between the functions required by the different forms of representation and the unity, organisation and spatial quality of the venue.

Here, given the constraints connected to the site and the existing auditorium, the organisation of the spaces seemed fundamental. How to articulate the two spaces? The ideal seemed to us to be to be able to support them longitudinally from the backstage. But without being able to use a few metres of the adjacent plot reserved for the proposed sports facilities, only the L-shaped layout of the two rooms seemed finally to be both feasible and coherent. Between the two, we could accommodate the common logistics for both sets and the really generous public foyer-lobby. We dreamt of an openness, or at least a certain transparency, between these two spaces—which are usually far apart in the conventional make up of theatres— but the security conditions made this difficult.

It is around this nucleus that all public, technical and artistic spaces and public traffic were to be deployed at each level. The task was quite complex involving the various levels of the existing building, the partially impassable basements, and the security conditions for subterranean spaces, etc.

For the "second auditorium", we had generally respected the programme's specifications—a simple but "inventive" black box with its telescopic step—and only proposed not to follow the recommendation to install counterbalanced poles but to use motorised and mobile units to avoid the counterweight system which had a strong impact on the basement, particularly on the rehearsal space. It seemed simple at the competition stage, to work in the existing auditorium to make it accessible to people with reduced mobility and to move the control room.

We were the winners: the real work could then begin. We could initiate meetings with the teams, start discussions, etc. Here, and perhaps more so than in a completely new project where change is implicit, this dialogue was important. It allows technicians to come to an understanding between each other, to understand particular applications, to identify specific requests and, at the same time, to accept new proposals for layout and equipment, or perhaps just those that are different from the usual.

Work on the project was laborious and, thanks to these interactions, fruitful.

It made it possible to gradually modify the programme, even if we were often at odds with the needs expressed by users and the constraints of the project owner, particularly budgetary constraints.

Thus, the false grill in the new auditorium ended up being made up of motorized units that we had anticipated during the competition stage but that were now fixed, and a mobile set of hoists and trusses that users found more versatile, especially for the bi-frontal and all other configurations. We studied a mobile discharge dock system that moves upwards to compensate for the difference in height between the truck's tail and the technical platform between the two stages, but also moves on the pavement so as not to encroach on the general public. In this way, the different flow between the auditoriums and with the shared spaces: the new access for artists, the public and technicians, the connections to the basement were made, demolished and rebuilt with the different participants in mind, to achieve the best solution. All this for the greater fluidity of public (especially for people with disabilities), technical and artistic traffic, to facilitate the reception of the audience and the daily (and demanding) work of setting up, adjusting, maintaining and performing...

The work on the existing building was also full of twists and turns and therefore of meetings, negotiations, etc. How to make the large room accessible to PRMs (people with reduced mobility) without reducing the capacity, without repairing "worn out" chairs? How to move the control unit without moving the dimmer room which was in the desired location—and therefore including all the wiring—and without refitting the various parts of the audiovisual infrastructure? How can we offset the extra costs of these multiple cause-and-effect sequences which occur as soon as we touch something in an older building? Again, all hypotheses and their consequences were analysed and reviewed up to the final decisions.

This is the story of every project. We wanted to be attentive to the functioning of the resident team, to the observations of the project management assistants often corresponding to elements that we had considered but that we had abandoned because of the cost. Sometimes we had the impression that we were a somewhat alone in defending solutions that seemed obvious to us... We were probably never sufficiently informative about the different ins and outs of our proposals.

The proper functioning and suitability of the scenographic equipment for their particular use is mainly a matter of detail, whose concrete implementation can only be achieved within the framework of this collaboration with all the project's contributors. This work takes time, of which we rarely have enough, even when the project is delayed for other reasons. But we will always take time to ensure that the spaces and scenographic facilities are constructed in such a way as to be genuine technical

tools that allow for all possible applications—present and future—and to ensure that these tools are appropriate for each, both artists and technicians, and for the public's pleasure. So the different scenic elements and the manner in which they are implemented should constitute the scenic "intelligence" of the building.

Today, it is truly a new theatre, it is much more than the second auditorium of the Cachan theatre, and it is a new space that is well on its way to becoming a "venue"!

ACOUSTICS

Sounds good
BY Jean-Paul Lamoureux

Jean-Paul Lamoureux is a specialist in acoustics for theatrical spaces. He is often called upon by architects to carry out surveys and to follow the project until it is put into use. Among other credits: la Seine musicale in Boulogne (Shigeru Ban and Jean de Gastines), the new Salle Pleyel in Paris (Daniel Vaniche DVVD) or the Pavillon Dufour in the Château de Versailles (Dominique Perrault Architecture).

The creation of an additional 250-seat public theatre auditorium within the existing cultural centre in Cachan raised traditional and interconnected questions in order to determine the level of performance to be achieved and the required level of comfort, acoustically.

The categories of requirements to be handled were therefore:
• acoustic insulation against airborne and impact noise both between the premises of the cultural centre and the exterior;
• noise control of the building's technical equipment (heating, ventilation, air conditioning (HVAC), hot and cold energy production, electrical systems);
• and the control of reverberation with respect to volume of the expected types of use.

These objectives of the acoustic isolation were driven by the consideration of the diversity of uses of the new auditorium: in the 21st century, theatre performances often combine amplified soundtracks and natural voices. In addition, scalability towards more complex presentations in this context with the advent of the all-digital system led us to consider the possibility of producing more than 100 dBA (the level of a drill or a motorcycle) within the space. Consequently, and given the proximity of residents, these choices dictate appropriate solutions.

At the same time, in an auditorium of this type, the acoustic response to volume must be:
• adapted for natural speech, which requires relatively little absorption of the volumes in play, but with a very good

spatial distribution of the sounds produced on stage. It is then necessary to bring reflection and diffusion to the side walls, which are essential for a rich and well-distributed sound;
• adapted to reduce reverberation during shows requiring amplified music.

The work carried out with the architects to integrate these acoustic parameters into the design as opposed to a less than satisfactory process led us to the prefabricated concrete solution with a undulating surface, forming variable asperities of about ten centimetres in amplitude. These elements are mounted in lining the concrete facade wall with a plenum dampened by mineral wool. The whole system is both a damped mass-spring system and a diffusing screen on the theatre side.

LANDSCAPING

The garden square at the Jacques Carat Theatre, a new public space
BY Emma Blanc

Emma Blanc is a landscape designer. Public spaces are her field of expertise and preference. In particular, she has reorganised the Madeleine and the Panthéon squares in Paris, and is currently working on the new landscaping for the Bastille. A tectonic work that mixes both the inorganic and the organic as can be seen in the square before Paris' "tribunal de grande instance" (Renzo Piano Building Workshop).

Located on a north-south axis formed by the Bièvre valley, what the people of Cachan call "the square garden" is part of an inter-neighbourhood walk that connects the vineyards of Cachan to the north towards Jacques Carat Square on the banks of the Bièvre river, to the south of the city.

ERASING RUPTURE,
DEVELOPING CONTINUITY
The site, a three-metre high outcrop disconnected from the adjoining streets, has been carefully levelled and landscaped to provide connectivity to the roads and public spaces surrounding the plot.

In the service of a determined visual transparency, a series of gentle and progressive inclines between the peripheral avenues and the entrance to the theatre create a strong visual link between the garden square, the city and its new facilities.

The aim of the square is to be accessible to as many people as possible. Its composition or structure is based on the broad lines of the theatre's simple and elegant facade. Large oblique angles and an inflection form a grid structure within the garden on which the space unfolds. The proportions and quality of the modular cladding of the large facade, alternating between the solid and the void, are thus taken up by the grid, which combines stone-like surfaces and surfaces planted with various species of plants at different heights.

Taking advantage of the glazing along the entire length of the building, the general incline meets the floor of the main lobby from the forecourt. The view extends to the inside of the illuminated space, while from the inside, a panoramic view of the garden is offered to the theatre's users.

Near the entrance to the theatre, a vast open space welcomes crowds on performance days. This open space is intended to be generous and bright. It has a wide view of the sky thanks to the proximity of the stadium to the south and a distant and unobstructed view in which includes the Sainte-Geneviève church.

The elevation of the large plateau is designed to allow a direct link with the roof terrace of the housing association and new additional facilities to be installed in the future.

SIMPLICITY AND SOBRIETY
TO WELCOME THE GREATEST
NUMBER OF PEOPLE
Set in the incline, the powerful lines are highlighted by large light-coloured concrete embankments of various heights (between 0 and 65 centimetres) that discreetly blend into the gradient to align with the horizontality of the floor of the main lobby.

Like the theatre, the choice of materials was made in a quest for sobriety. The light concrete pavement, in continuity with that of the theatre, is taken over by the low benches installed on the slope where the lighting fixtures are placed.

No emergent elements disturb the progress of the walk. The layout of the seats supports the varied spaces, which may be private or organised in such a way as to welcome spectators during outdoor performances.

A PLANTED SPACE THAT INVITES
YOU TO PASS THROUGH IT
Supporting many functions, the garden square brings freshness in summer. It offers a breath of fresh air in the very concrete environ of Place Jacques Carat. It is generously filled with plants selected for their hardiness and mainly native to the Paris area. The eye passes below the tall tree tops to reinforce the view of the theatre. The trees are grouped together and the shrubs are planted in free form. The bedding is home to a mixture of elaborate perennials according to their height and seasonal interest. They are comprised of hardy species with white flowers and various other tones in autumn. Fine foliage has been selected for the tree and shrub layer to provide transparency and gentle shade.

Lieu *Location*
21 avenue Louis Georgeon,
94230 Cachan

Programme
Restructuration et extension
d'un théâtre : salle restructurée
de 600 places assises (mise aux
normes PMR), création d'une salle
de représentation de type black box
multifonction de 220 places assises,
espaces scéniques nécessaires
au fonctionnement des deux salles
de spectacle, création d'une salle
d'exposition, d'un nouveau foyer,
d'une salle de répétition,
administration, salle d'activité,
vestiaires. *Restructuring and extension
of a theatre, around a restructured Michel
Bouquet room (up to PMR standards)
with 600 seats, creation of a representation
room of the black box, multi-function type,
with 220 seats and the scenic spaces needed
to contain two exhibition rooms, creation
of a showroom, a new foyer, a rehearsal
room, administrative offices, an activity
room, cloakroom.*

Historique *History*
1963 Construction de la maison
des jeunes par M. G. Chaillier architectes
*Construction of the youth centre by the architects
MG Chaillier*
1988 Construction du théâtre de
Cachan par M. Daniel Gay architectes
(inauguration en 1989) *Construction
of the theatre in Cachan by the architect
Mr. Daniel Gay (inauguration in 1989)*

Date *Schedule*
Concours *Competition* :
octobre *October* 2011
Délais travaux *Works deadline* :
avril *April* 2014
Livraison *Delivery* :
octobre *October* 2017

Coût *Budget*
11 970 000 euros HT
(dont *including* 1 375 465 euros
en équipement scénographique
for scenic equipment)

Surface SU
Surfaces créées *Created surface areas* :
3 324 m² SU
Surfaces restructurée *Restructured
surface areas* : 1 237 m² SU

Maîtrise d'ouvrage *Client*
CA Val de Bièvre
Établissement public territorial –
Grand-Orly Seine Bièvre

Architectes *Architects*
Ateliers o-s architectes
(mandataire) : Vincent Baur, Guillaume
Colboc et Gaël Le Nouëne
Chefs de projet *Project managers* :
Marine Bouhin, Samuel Genet,
Benjamin Haziot, Étienne Pellier

Partenaires *Consultants*
Nicolas Ingénieries
(BET fluides HQE® *services engineer*)
Batiserf (BET structure)
dUCKS scéno (scénographe *scenography*)
Jean-Paul Lamoureux (acousticien
acoustic consultant)
Emma Blanc (paysagiste *landscape designer*)
Entreprise Boyer (entreprise générale
et gros-œuvre *structural works company*)
SPI STONEMIX (panneaux
de façade *facade panels*)
IDFP (plafond/doublage/cloison
ceiling/partition)
XR Systems (courants forts
et faibles *electricity*)
Espace Métal (serrurerie *metal*)
Menuiserie MAC (menuiseries
extérieures *glass facade*)
TBM (menuiserie intérieure *joinery*)
TECH AUDIO (audiovisuel
et éclairage scénique
audiovisual and scenic lighting)
Savoie Hexapôle (serrurerie
et machinerie scénique
locksmithing and scenic machinery)
JEZET (tribune télescopique
retractable platform)

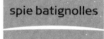

Nous remercions chaleureusement tous les partenaires et contributeurs de ce livre *We warmly thank all of the partners and contributors to this book*: Batiserf, Entreprise Boyer, Nicolas Ingénieries, Rockfon, Zumtobel.

Nous remercions toutes les personnes qui ont de près ou de loin participé à rendre cet ouvrage vivant. Tout d'abord la disponibilité des acteurs du projet, Monsieur Jean-Yves Le Bouillonnec, Madame Sylvie Carat, Mesdames Annette Varinot et Magali Léris et leur équipe – de l'accueil à la régie technique, en passant par le restaurant et le personnel d'entretien des locaux – ; mais aussi de témoins spontanés, parmi eux, les fidèles abonnés du théâtre Jacques Carat, des spectateurs d'un jour, des visiteurs curieux, de passage, d'autres moins séduits par le théâtre, des habitants de Cachan, la boulangerie L'étoile du goût à la sortie du RER Arcueil-Cachan, le bar Le fer à cheval avenue Carnot, la Pharmacie Talbot face à la mairie, le supermarché Carrefour Market avenue Louis Georgeon, le grill Antalya et la cave La Réserve de Fred place Jacques Carat. *We'd also like to thank everyone who has contributed, from near and far, to bring this book to life. First of all, the project's stakeholders for always being available, Mr. Jean-Yves Le Bouillonnec, Mrs. Sylvie Carat, Mrs. Annette Varinot, Magali Léris and their team—everyone, from the receptionists to the switchboard operators, restaurant and housekeeping staff—; as well as all of the spontaneous witnesses, including the faithful patrons of the Jacques Carat theatre, tourists, curious visitors, passers-by, and others, who were perhaps less attracted by the theatre, the townspeople of Cachan, the workers at the bakery near the RER Arcueil-Cachan exit, the bar staff at the Fer A Cheval in Avenue Carnot, those at the Talbot Pharmacy opposite the town hall, the Carrefour Market in Avenue Louis Georgeon, the Antalya grill and Fred's Reserve in Place Jacques Carat*

Nous remercions sincèrement Jacques Lucan pour sa compréhension et son analyse du projet. *We'd also like to thank Jacques Lucan for his comprehension and analysis of the project.*

Un remerciement spécial à Arnaud Anckaert qui a, au pied levé, accepté de nous livrer une ode invitant à venir au théâtre. *Special thanks also to Arnaud Anckaert who, at short notice, agreed to come to the theatre and give us an ode.*

Un remerciement particulier aux élèves de la classe de CM1 (2017-18) de l'école de la Plaine à Cachan, et leur institutrice Pauline Dretz d'avoir accepté de participer à un atelier d'expression plastique et de nous livrer, non sans gourmandise, leur imaginaire des lieux. *A special thank you to the students of in CM1 (2017-18) at the Plaine School in Cachan, and their teacher, Pauline Dretz for having agreed to take part in a plastic expression workshop and to give us, not without eating, their imaginary places.*

Nous remercions les acteurs du projet du théâtre, la ville de Cachan, le théâtre et ses équipes, la communauté d'agglomération de Val de Bièvre, Grand-Orly Seine Bièvre–EPT 12, Les bureaux d'étude Nicolas Ingénieries, Batiserf, dUCKS scéno, Jean-Paul Lamoureux et Emma Blanc. *We thank the actors from the theatre project, the town of Cachan, the theatre and its teams, the entire community of Val de Bievre, Grand-Orly Seine Bievre–EPT 12, and the design studios of Nicolas Ingenieries, Batiserf, dUCKS scéno, Jean-Paul Lamoureux and Emma Blanc.*

Enfin nous remercions et félicitons particulièrement Benjamin Haziot, Samuel Genet, Marine Bouhin et Étienne Pellier qui ont porté avec énergie et envie le projet à l'agence de l'esquisse à la livraison, ainsi que Parmis Bahiraie, Angélique Dascier et Jasmine Kenniche pour leur indéfectible soutien. *Finally, we'd like to thank and congratulate Benjamin Haziot, Samuel Genet, Marine Bouhin & Étienne Pellier, who, with energy and envy, took the project to the agency with a sketch on delivery, as well as Parmis Bahiraie, Angelique Dascier and Jasmine Kenniche for their unwavering support.*

Crédits iconographiques